DUMONT

Vielen seiner Bewunderer gelten Michel Houellebecqs Essays als sein eigentliches Hauptwerk: Sie sind Houellebecq pur, die Essenz seines Schaffens. Die skurrile Tragikomödie, die wir alle miteinander auf der Bühne des absurden Menschheitstheaters aufführen, wird in diesen Texten schonungslos verrissen. Denn was Michel Houellebecq hier betreibt, ist keine Sozial- oder Kulturkritik – es ist nicht weniger als Weltkritik.

Das Kompendium verbindet die Einzelbände ›Die Welt als Supermarkt. Interventionen‹ (DuMont 2000) und ›Ich habe einen Traum. Neue Interventionen‹ (DuMont 2010), der damit erstmals als Taschenbuch erhältlich ist.

Michel Houellebecq wurde 1958 geboren. Er gehört zu den wichtigsten Autoren der Gegenwart, seine Bücher werden in über vierzig Ländern veröffentlicht. Auf Deutsch ist nahezu sein gesamtes Werk bei DuMont verlegt. Zuletzt erschienen der mit dem renommiertesten französischen Literaturpreis, dem Prix Goncourt, ausgezeichnete Roman ›Karte und Gebiet‹ (2011), der Gedichtband ›Gestalt des letzten Ufers‹ (2014) sowie der Roman ›Unterwerfung‹ (2015).

MICHEL HOUELLEBECQ

INTERVENTIONEN

Aus dem Französischen von Hella Faust

DUMONT

Zweite Auflage 2016
DuMont Buchverlag, Köln
Alle Rechte vorbehalten

›Interventionen‹ verbindet die Bände ›Die Welt als Supermarkt‹ und
›Ich habe einen Traum‹.

›Die Welt als Supermarkt‹
© Flammarion, 1998
Die französische Originalausgabe erschien 1998 unter dem Titel
›Interventions‹ bei Flammarion, Paris.
© 1999 für die deutsche erweiterte Ausgabe: DuMont Buchverlag, Köln
›Ich habe einen Traum‹
© Michel Houellebecq/Flammarion 2009
Die französische Originalausgabe erschien 2009 unter dem Titel
›Interventions 2‹ bei Flammarion, Paris.
© 2010 für die deutsche Ausgabe: DuMont Buchverlag, Köln

Umschlaggestaltung: Lübbeke Naumann Thoben, Köln
Umschlagabbildung: © plainpicture/OJO
Gesetzt aus der Documenta
Gedruckt auf säurefreiem und chlorfrei gebleichten Papier
Druck und Verarbeitung: CPI – Clausen & Bosse, Leck
Printed in Germany
ISBN 978-3-8321-6325-9

www.dumont-buchverlag.de

INHALT

DIE WELT ALS SUPERMARKT.

INTERVENTIONEN

Der Roman, von gleicher Gestalt wie der Mensch, sollte normalerweise alles von ihm enthalten können. Man glaubt beispielsweise zu Unrecht, dass die Menschen ein rein materielles Leben führen. Gewissermaßen parallel zu ihrem Leben stellen sie sich unentwegt Fragen, die man in Ermangelung eines besseren Ausdrucks *philosophisch* nennen muss. Ich habe diesen Zug in allen Klassen der Gesellschaft, von den einfachsten bis in die gebildetsten hinein, beobachten können. Physischer Schmerz, Krankheit und Hunger machen es unmöglich, diese existenziellen Fragestellungen vollständig zum Verstummen zu bringen. Dieses Phänomen hat mich schon immer beschäftigt und mehr noch die Tatsache, dass man es verkennt. Es steht in so lebhaftem Kontrast zu dem zynischen Realismus, der seit einigen Jahrhunderten in Mode ist, will man über die Menschheit reden.

Die »theoretischen Überlegungen« scheinen mir folglich ein genauso guter Romanstoff zu sein wie alle anderen auch, ja ein besserer als die meisten anderen. Das Gleiche gilt für Diskussionen, Gespräche, Debatten ... Es gilt noch offensichtlicher für die Literatur-, Kunst- oder Musikkritik. Im Grunde müsste man alles in ein einziges Buch verwandeln können, an dem man bis zu seinem Tod schriebe. Es scheint mir eine vernünftige, glückliche Lebensweise zu sein und eine, die sich bis auf wenige Dinge vielleicht sogar in die Praxis umsetzen lässt. Die einzige Sache, von der ich in Wirklichkeit glaube, dass sie sich schwierig in einen Roman einfügen lässt, ist die Poesie. Ich sage nicht, dass es unmöglich ist, ich sage, dass es mir sehr schwierig vorkommt. Es gibt die Poesie, es gibt das Leben. Zwischen den beiden gibt es Ähnlichkeiten, mehr nicht.

Der offensichtlichste gemeinsame Nenner der hier versammelten Texte ist, dass man mich gebeten hat, sie zu schreiben. Sie sind in verschiedenen Zeitschriften veröffentlicht und dann unauffindbar geworden. Im Sinne des oben Gesagten hätte ich in Erwägung ziehen können, sie in einem größeren Werk weiterzuverwenden. Ich habe es versucht, es ist mir aber nur selten gelungen. Mir liegt jedoch noch immer an diesen Texten. Das ist, kurz gesagt, der Grund dieser Veröffentlichung.

M. H.

JACQUES PRÉVERT IST EIN ARSCHLOCH

Dieser Artikel erschien in der Nummer 22 (Juli 1992) der Zeitschrift Lettres françaises.

Jacques Prévert ist jemand, dessen Gedichte man in der Schule lernt. Aus ihnen geht hervor, dass er Blumen mochte, Vögel, die alten Stadtviertel von Paris usw. Die Liebe schien ihm in einer Atmosphäre der Freiheit zu erblühen. Er war allgemein *eher für* die Freiheit. Er trug eine Schildmütze und rauchte Gauloises. Man verwechselt ihn zuweilen mit Jean Gabin. Er war es übrigens, der die Drehbücher für *Hafen im Nebel, Pforten der Nacht* usw. schrieb. Er schrieb auch das Drehbuch für *Die Kinder des Olymp,* das man für sein Meisterwerk hält. All das sind genügend gute Gründe, um Jacques Prévert zu hassen, vor allem, wenn man die nie verfilmten Drehbücher liest, die Antonin Artaud zur gleichen Zeit schrieb. Es ist traurig festzustellen, dass dieser widerwärtige *poetische Realismus,* dessen wichtigster Vertreter Jacques Prévert war, noch immer verheerende Auswirkungen hat. Man glaubt, Leos Carax ein Kompliment zu machen, wenn man ihn dazuzählt (genau wie man Rohmer wahrscheinlich für einen neuen Guitry hält usw.) Das französische Kino hat sich vom Aufkommen des Tonfilms in Wirklichkeit nie erholt. Es wird zum Schluss daran zugrunde gehen, was nicht weiter schlimm ist.

Jacques Prévert hatte in der Nachkriegszeit, ungefähr zur gleichen Zeit wie Jean-Paul Sartre, ungeheuren Erfolg. Man ist wider Willen vom Optimismus dieser Generation verblüfft. Heute wäre der einflussreichste Denker eher jemand wie Cioran. Damals hörte man Vian, Brassens … Verliebte, die sich auf öffentlichen Parkbänken abknutschen, Babyboom, der massenhafte Bau von Sozialwohnungen, um all diese Leute unterzubringen. Viel Optimismus, Glaube an die Zukunft und ein wenig Idiotie. Wir sind unbestreitbar viel intelligenter geworden.

Bei den Intellektuellen ist Prévert weniger gut weggekommen. Und das, obwohl seine Gedichte nur so strotzen von stupiden Wortspielen, die bei Bobby Lapointe so gefallen. Aber es ist wahr, dass das Chanson, ein wie man sagt, *minderwertiges Genre* ist und dass auch der Intellektuelle sich entspannen muss. Wenn man den geschriebenen Text, seinen wirklichen Broterwerb, unter die Lupe nimmt, wird der Intellektuelle unerbittlich. Die »Textarbeit« bleibt bei Prévert dürftig. Er schreibt schlicht und wirklich ungezwungen, mitunter sogar gefühlvoll. Er interessiert sich weder für den Stil noch für die Unmöglichkeit zu schreiben. Seine große Inspirationsquelle ist eher das Leben. Den Dissertationen ist er daher im Wesentlichen entkommen. Heute hingegen zieht er in die Pléiade ein, was einem zweiten Tod gleichkommt. Sein Werk liegt vor uns, komplett und erstarrt. Ein ausgezeichneter Grund, sich zu fragen, weshalb die Poesie von Jacques Prévert so mittelmäßig ist, dass man sich bei ihrer Lektüre manchmal schämt. Die klassische Erklärung (es fehle seinem Stil an »Strenge«) ist völlig falsch. Seine Wortspiele, sein leichter und klarer Rhythmus bringen Préverts Weltanschauung in Wirklichkeit perfekt zum Ausdruck. Die Form passt zum Inhalt, wohl das Höchste, was man von einer Form verlangen kann. Wenn ein Dichter zudem bis zu diesem Grad ins Leben eintaucht, in das wirkliche Leben seiner Zeit, wäre es eine Beleidigung, ihn mit rein stilistischen Kriterien zu bewerten. Wenn Prévert schreibt, dann deshalb, weil er etwas zu sagen hat. Das gereicht ihm ganz zu seiner Ehre. Was er zu sagen hat, ist leider von grenzenloser Dummheit. Es wird einem manchmal übel. So gibt es hübsche nackte Mädchen, Spießer, die wie Schweine bluten, wenn man ihnen den Hals aufschlitzt. Die Kinder sind sympathisch unsittlich, die Strolche verführerisch und potent, denen die hübschen nackten Mädchen ihre Körper hingeben. Die Bürger sind alt, fett, impotent, mit der Ehrenlegion geschmückt und ihre Frauen frigide. Priester sind widerwärtige alte Ekel, die die Sünde erfunden haben, um uns das Leben zu vergällen. All das ist bekannt. Man kann dem Baudelaire vorziehen. Oder gar Karl Marx, der sich wenigstens nicht in der Zielscheibe irrt, wenn er schreibt, dass »der Triumph der Bourgeoisie die heiligen Schauer der religiösen Extase, des ritterlichen Enthusiasmus und der Dreigroschensentimentalität in den eiskalten Wassern des egoistischen Kalküls ertränkt hat«.[1] Intelligenz ist beim Schreiben von Gedichten keine Hilfe. Sie kann jedoch verhindern, dass man schlechte Gedichte schreibt. Jacques Prévert ist ein schlechter Dichter, vor allem deshalb, weil seine Weltsicht platt, oberflächlich und falsch ist. Sie war schon zu seiner Zeit falsch, heute aber springt seine Unbegabtheit so sehr ins Auge, dass das gesamte Werk die Darlegung eines gigantischen Klischees zu sein scheint. Philosophisch und politisch gesehen ist Jacques Prévert vor allem ein Libertin, das heißt im Wesentlichen ein Dummkopf.

»In den eiskalten Wassern des egoistischen Kalküls« plätschern wir seit unserer zartesten Kindheit. Man kann sich daran gewöhnen, versuchen, zu überleben. Man kann auch darin versinken. Aber es ist unmöglich, sich vorzustellen, dass allein die Freisetzung von Lustgefühlen in der Lage sein soll, eine Erwärmung herbeizuführen. Die Anekdote will, dass es Robespierre war, der darauf bestand, der Losung der Republik das Wort Brüderlichkeit hinzuzufügen. Heute sind wir imstande, diese Anekdote angemessen zu würdigen. Prévert hielt sich mit Sicherheit nicht für einen Anhänger der Brüderlichkeit. Robespierre jedoch war alles andere als ein Gegner der Tugend.

DIE FEIER

Das Ziel der Feier ist es, uns vergessen zu machen, dass wir einsam, elend und dem Tode geweiht sind. Anders gesagt, es ist das Ziel der Feier, uns in Tiere zu verwandeln. Deshalb hat der Primitive ein hoch entwickeltes Gespür fürs Feiern. Eine gute Dosis halluzinogener Pflanzen, drei Tamburins und die Sache geht in Ordnung: Ein Nichts amüsiert ihn. Im Gegensatz dazu gerät der durchschnittliche Westeuropäer erst am Ende endloser *Rave-Parties,* aus denen er taub und mit Drogen vollgepumpt herauskommt, in eine unzulängliche Ekstase: *Er hat überhaupt kein Gespür mehr fürs Feiern.* Sich seiner zutiefst bewusst, den anderen vollkommen fremd, terrorisiert vom Gedanken an den Tod, ist er wirklich unfähig, zu welcher Fusion auch immer zu gelangen. Trotzdem bleibt er eigensinnig. Der Verlust seiner tierischen Kondition betrübt ihn, er empfindet darüber Scham und Verdruss. Er wäre gern ein Lebemann oder würde zumindest gern als ein solcher gelten. Er befindet sich in einer scheußlichen Lage.

WAS HABE ICH MIT DIESEN ARSCHLÖCHERN ZU TUN?

»Wenn sich zwei von Euch in meinem Namen vereinen, werde ich in ihrer Mitte sein« (Matthäus, 17, 13). Das ist genau das Problem: vereint in wessen Namen? Was rechtfertigt es im Grunde, miteinander vereint zu sein?

Vereint, um sich zu amüsieren. Das ist der schlimmste der Fälle. Unter diesen Umständen (Nachtclubs, Volksfeste, Feiern), die sichtlich nichts Amüsantes an sich haben, gibt es nur eine einzige Lösung: anbaggern. Man verlässt sodann die Gattung Feier, um in einen rauen narzisstischen Wettbewerb – mit oder ohne *Option »Penetration«* – hinüberzuwechseln. (Gewöhnlich geht man davon aus, dass der Mann die Penetration braucht, um die gewünschte narzisstische Befriedigung zu erlangen. Er spürt dann etwas, das dem Klappern der Freispiele bei alten Flipperautomaten entspricht. Die Frau begnügt sich zumeist mit der Gewissheit, dass man in sie einzudringen wünscht.) Wenn Sie sich von dieser Art Spielchen abgestoßen fühlen, wenn Sie sich außerstande fühlen, dabei eine gute Figur abzugeben, dann gibt es nur eine Lösung: so schnell wie möglich aufzubrechen.

Vereint, um zu kämpfen (Studentendemos, Umweltschützertreffen, Talkshows über die Banlieue). Die Idee ist a priori genial: Das fröhliche Bindemittel einer gemeinsamen Sache kann tatsächlich einen Gruppeneffekt hervorrufen, ein Zugehörigkeitsgefühl, ja, sogar eine echte kollektive Trunkenheit. Leider folgt die Massenpsychologie unwandelbaren Gesetzen: der Herrschaft der dümmsten und aggressivsten Bestandteile. Man befindet sich also inmitten einer lautstark grölenden, ja, gefährlichen Bande. Man ist folglich vor die gleiche Wahl gestellt wie im Nachtklub: aufbrechen, bevor es zu Handgreiflichkeiten kommt, oder anbaggern (in einem hier günstigeren Umfeld: das Vorhandensein gemeinsamer Überzeugungen, die diversen, vom Ablauf der Protestveranstaltung hervorgerufenen Gefühle haben den narzisstischen Panzer womöglich leicht erschüttert).

Vereint, um zu vögeln (Swingerklubs, private Orgien, bestimmte New-Age-Gruppen). Eine der einfachsten und ältesten Formeln: die Menschheit in dem zu vereinen, was sie in der Tat zutiefst gemeinsam hat. Geschlechtsakte finden statt, selbst wenn der Genuss nicht immer zur Stelle ist. Es ist immerhin etwas, aber auch schon alles.

Vereint, um zu zelebrieren (Messen, Pilgerfahrten). Die Religion bietet eine ganz und gar originelle Formel an: Trennung und Tod werden kühn geleugnet, indem man bekräftigt, dass wir wider allen Anschein in göttlicher Liebe baden und uns gleichzeitig auf eine glückliche Ewigkeit zubewegen. Eine religiöse Zeremonie, an die die Teilnehmenden glauben, bietet das einzigartige Beispiel einer *gelungenen* Feier. Bestimmte agnostische Teilnehmer fühlen sich während der Dauer der Zeremonie möglicherweise sogar von einem Gefühl des Glaubens übermannt; sie laufen dann jedoch Gefahr, schmerzlich ernüchtert zu werden (ein wenig wie beim Geschlechtsakt, nur schlimmer). Eine Lösung: von der Gnade berührt zu sein.

Die Pilgerfahrt, die die Vorteile der Studentendemonstration mit denen der Nouvelles-Frontières-Reisen kombiniert, all das in einem von der Müdigkeit noch verschärften Ambiente der Geistigkeit, bietet darüber hinaus die idealen Bedingungen für die Anbaggerei, die darüber fast unfreiwillig, ja aufrichtig wird. Der beste Fall am Ende einer Pilgerfahrt: Heirat und Konversion. Im entgegengesetzten Fall kann die Ernüchterung schrecklich sein. Sehen Sie vor, eine UCPA-Reise zum Thema »Gleitsportarten« anzuschließen, die Sie immer noch rechtzeitig stornieren können (informieren Sie sich im Voraus über die Stornierungsbedingungen).

DIE TRÄNENLOSE FEIER

In Wirklichkeit reicht es aus, Amüsement vorgesehen zu haben, um sicherzugehen, dass man sich langweilt. Ideal wäre es daher, völlig aufs Feiern zu verzichten. Leider ist der Lebemann eine in solchem Maße respektierte Persönlichkeit, dass dieser Verzicht eine starke Minderung des sozialen Images zur Folge hat. Die wenigen folgenden Ratschläge dürften ermöglichen, das Schlimmste zu vermeiden (bis zum Schluss allein bleiben, in einem Zustand der Langeweile, der sich zur Verzweiflung hin entwickelt, mit dem irrtümlichen Eindruck, dass sich die anderen amüsieren).

- Sich im Voraus klarmachen, dass die Feier zwangsläufig misslingen wird. Sich die Beispiele früherer Misserfolge vor Augen halten. Es geht nicht darum, deswegen eine zynische und blasierte Haltung anzunehmen. Im Gegenteil, das bescheidene und von einem Lächeln begleitete Akzeptieren des allgemeinen Desasters ermöglicht den Erfolg, eine misslungene Feier in einen Augenblick angenehmer Banalität zu verwandeln.

- Stets vorsehen, allein und im Taxi nach Hause zu fahren.

- Vor der Feier: trinken. Alkohol in moderater Dosierung erzeugt eine sozialisierende und euphorisierende Wirkung, die nach wie vor keine wirkliche Konkurrenz hat.

- Während der Feier: trinken, aber die Dosierung verringern (der Cocktail Alkohol plus vorherrschende Erotik verleitet schnell zur Gewalttätigkeit, zum Selbstmord und zum Mord). Es ist geschickter, im passenden Moment eine halbe Lexomil zu nehmen. Da der Alkohol den Effekt der Beruhigungsmittel verstärkt, beobachtet man umgehend Schläfrigkeit: der richtige Zeitpunkt, um ein Taxi zu rufen. Eine gute Feier ist eine kurze Feier.

- Nach der Feier: anrufen, um sich zu bedanken. Friedlich auf die nächste Feier warten (einen monatlichen Abstand einhalten, der sich in der Ferienzeit auf eine Woche verkürzen kann).

Zum Schluss eine tröstliche Aussicht: Mit zunehmendem Alter nimmt die Verpflichtung zu feiern ab, der Hang zur Einsamkeit nimmt zu. Das wirkliche Leben gewinnt wieder die Oberhand.

FATA MORGANA
von Jean-Claude Guiguet

Dieser Artikel erschien in der Nummer 27 (Dezember 1992)
der Zeitschrift Lettres françaises.

Eine Familie aus dem Bildungsbürgertum am Ufer des
Genfer Sees. Klassische Musik, kurze Sequenzen mit intensiven Dialogen, dazwischen Schnitte mit Blick auf den See: All
das vermittelt möglicherweise den schmerzlichen Eindruck
eines *Déjà-vu*. Die Tatsache, dass die Tochter malt, vergrößert unsere Unruhe noch. Aber nein, es handelt sich nicht
um den fünfundzwanzigsten Klon von Eric Rohmer. Es handelt sich seltsamerweise um weit mehr.

Wenn ein Film unentwegt Nervendes neben Magisches
stellt, ist es selten, dass das Magische zum Schluss die Oberhand gewinnt; genau das aber geschieht hier. Die recht ungenau spielenden Schauspieler haben sichtlich Schwierigkeiten, einen Text zu interpretieren, dem man zu sehr anhört,
dass er geschrieben ist, und der mitunter ans Lächerliche
grenzt. Sagen wir, dass sie nicht immer den richtigen Ton
treffen, was vielleicht nicht ausschließlich ihre Schuld ist.
Was ist der richtige Tonfall für einen Satz wie »Das schöne
Wetter ist mit von der Partie«? Nur die Mutter, Louise Marleau, ist von Anfang bis Ende perfekt, und es ist ohne Zweifel
der von ihr gesprochene wunderbare Monolog einer verlieb-

ten Frau (eine erstaunliche Sache im Film, der Monolog einer verliebten Frau), der ausschlaggebend dafür ist, dass wir uneingeschränkt Anteil nehmen. Einige fragwürdige Dialoge, gewisse, etwas schwerfällige musikalische Zeichensetzungen lassen sich wohl entschuldigen; in einem gewöhnlichen Film blieben sie übrigens unbemerkt.

Ausgehend von einem tragisch einfachen Thema (es ist Frühling, das Wetter ist schön; eine fünfzigjährige Frau wünscht sich sehnlichst, eine letzte sinnliche Leidenschaft zu erleben; die Natur ist schön, aber sie ist auch grausam) ist Jean-Claude Guiguet das größte Risiko eingegangen: das der formalen Perfektion. In diesem Film, der vom Werbeclip wie vom auftrumpfenden Realismus meilenweit entfernt ist, meilenweit entfernt auch von willkürlicher Experimentiererei, gibt es keine andere Suche als die nach Schönheit pur. Die klassische, geläuterte Zerlegung in Sequenzen von zartem Wagemut findet ihre exakte Entsprechung in der unerbittlichen Geometrie der Bildeinstellungen. Das alles ist präzise, nüchtern, angelegt wie die Facetten eines Diamanten: ein seltenes Werk. Es ist auch selten, einen Film zu sehen, in dem das Licht sich mit solcher Klugheit der emotionalen Stimmung der Szenen anpasst. Die Beleuchtung und die Ausstattung der Innenaufnahmen treffen den richtigen Ton, sind von unendlichem Taktgefühl. Wie eine diskrete und intensive Orchesterbegleitung bleiben sie im Hintergrund. Das Licht bricht nur in die Außenaufnahmen ein, in die sonnigen, an den See grenzenden Wiesen, nur dort spielt es eine zentrale Rolle. Auch da herrscht vollkommene Übereinstimmung mit der Aussage des Films. Sinnlich und gewaltig leuchtende Gesichter. Die flimmernde Maske der Natur, hinter der sich, wie man weiß, ein abstoßendes Gewimmel verbirgt, eine Maske, die abzureißen jedoch unmöglich ist. Nie ist, ganz nebenbei gesagt, der Geist von Thomas Mann mit solcher Tiefe erfasst worden. Von der Sonne haben wir nichts Gutes zu erwarten, den Menschen aber kann es bis zu einem gewissen Grad vielleicht gelingen, einander zu lieben. Ich erinnere mich nicht, jemals eine Mutter gehört zu haben, die zu ihrer Tochter auf so überzeugende Weise »Ich liebe dich« gesagt hätte. In keinem Film, noch nie. *Fata Morgana* will vehement, nostalgisch, fast schmerzhaft ein kultivierter, ein europäischer Film sein. Und merkwürdigerweise gelingt ihm das, indem er Tiefe, ein echt germanisches Gespür für den Riss mit einem zutiefst französischen Leuchten, einer klassischen Reinheit der Beleuchtung verbindet. Ein wirklich seltener Film.

DER VERLORENE BLICK
Lob des Stummfilms

Dieser Artikel erschien in der Nummer 32 (Mai 1993) der Zeitschrift Lettres françaises.

Der Mensch spricht, manchmal spricht er nicht. Ist er bedroht, krümmt er sich, seine Blicke durchsuchen hastig den Raum. Ist er verzweifelt, zieht er sich zurück, wickelt sich ein in Angst. Ist er glücklich, verlangsamt sich seine Atmung. Sein Leben hat einen gleichmäßigeren Rhythmus. Es hat in der Geschichte der Welt zwei Kunstformen (die Malerei, die Bildhauerei) gegeben, die versucht haben, die menschliche Erfahrung mithilfe von bewegungslosen Darstellungen, von angehaltenen Bewegungen zusammenzufassen. Manchmal entschieden sie sich dafür, die Bewegung in ihrem Gleichgewicht, ihrer größten Anmut (in ihrer Unsterblichkeit) anzuhalten: Man denke an all die Jungfrauen mit Kind. Manchmal entschieden sie sich dafür, die Handlung in ihrer höchsten Spannung, ihrem intensivsten Ausdruck anzuhalten – so der Barock, aber auch zahlreiche Gemälde von Caspar David Friedrich, die an eine gefrorene Explosion erinnern. Sie haben sich jahrtausendelang entwickelt; sie hatten die Möglichkeit, Werke hervorzubringen, die im Sinne ihres verborgensten Ehrgeizes – die Zeit anzuhalten – vollendet waren.

Es hat in der Geschichte der Welt eine Kunst gegeben, die

sich das Studium der Bewegung zum Inhalt gemacht hatte. Diese Kunst hat sich in dreißig Jahren entwickeln können. Zwischen 1925 und 1930 hat sie einige Einstellungen – in einigen Filmen – hervorgebracht (ich denke vor allem an Murnau, Eisenstein, Dreyer), die ihr Dasein als Kunst belegten. Dann verschwand sie, offensichtlich für immer.

Die Dohlen geben Zeichen der Warnung und des gegenseitigen Erkennens aus. Man hat mehr als sechzig Zeichen entziffern können. Die Dohlen bleiben eine Ausnahme: Im Großen und Ganzen arbeitet die Welt in einer schrecklichen Stille. Sie drückt ihr Wesen durch die Form und die Bewegung aus. Der Wind fegt über das Gras (Eisenstein), eine Träne läuft über ein Gesicht (Dreyer). Der Stummfilm sah, wie sich ein unermesslicher Raum vor ihm auftat: Er untersuchte nicht nur die menschlichen Gefühle, er untersuchte nicht nur die Bewegungen der Welt. Sein größter Ehrgeiz war es, die Bedingungen der Wahrnehmung zu untersuchen. Die Unterscheidung zwischen Hintergrund und Figur bildet die Grundlage unserer Darstellungen; aber unser Geist sucht auf geheimnisvolle Weise auch zwischen der Gestalt und der Bewegung, zwischen der Form und ihrem Entstehungsprozess seinen Weg durch die Welt – daher das fast hypnotische Gefühl, das uns überfällt, wenn wir vor einer starren Form stehen, die von einer ununterbrochenen Bewegung hervorgebracht wurde, wie etwa die stehenden Wellen an der Oberfläche einer Pfütze.

Was hat sich nach 1930 davon erhalten? Einige Spuren, vor allem in Werken von Regisseuren, die zur Zeit des Stummfilms zu drehen begonnen hatten (Kurosawas Tod war mehr als nur der Tod eines Mannes); einige Augenblicke in Experimentalfilmen, in wissenschaftlichen Dokumentarfilmen, ja, sogar in Serienproduktionen (die vor wenigen Jahren entstandene Serie *Australia* ist dafür ein Beispiel). Diese Augenblicke erkennt man unschwer daran, dass Sprechen in ihnen unmöglich ist, dass selbst die Musik in ihnen etwas Kitschiges, Schwerfälliges, Vulgäres bekommt. Wir werden zu reiner Wahrnehmung, die Welt erscheint in ihrer Immanenz. Wir sind überaus glücklich, ein Glück, das seltsam ist. Verliebtsein kann diese Art Effekte ebenfalls erzeugen.

LEERER HIMMEL

In dem Film, den Pasolini über das Leben des heiligen Paulus zu drehen gedachte, hatte er die Absicht, die Mission des Apostels auf die heutige Welt zu übertragen; sich die Form auszumalen, die sie inmitten der Geschäftsmoderne annehmen könnte; und das, ohne den Text der Briefe zu verändern. Er hatte jedoch den Plan, Rom gegen New York auszutauschen, und gibt dafür einen naheliegenden Grund an: Wie damals Rom ist heute New York das Zentrum der Welt, der Sitz der Mächte, die die Welt beherrschen (er schlägt im gleichen Sinne vor, Athen gegen Paris und Antiochia gegen London auszutauschen). Nach einigen Stunden Aufenthalt in New York merke ich, dass es wahrscheinlich einen anderen, verborgeneren Grund gibt, den nur der Film hätte ans Licht bringen können. In New York wie in Rom spürt man trotz der scheinbaren Dynamik eine eigenartige Verfalls- und Todesstimmung, eine Endzeitstimmung. Ich weiß wohl, dass »die Stadt brodelt, dass sie ein Schmelztiegel ist, dass in ihr eine wahnsinnige Energie pulsiert« usw. Dennoch war mir seltsamerweise eher danach, in meinem Hotelzimmer zu bleiben, die Möwen anzuschauen, die quer über die verlassenen Hafenanlagen an den Ufern des Hudson River flogen. Ein sanfter Regen fiel auf die Lagerhäuser aus Ziegelstein; es war sehr besänftigend. Ich konnte mir durchaus vorstellen, mich unter einem dreckig braunen Himmel in einer riesigen

Wohnung zu verschanzen, während am Horizont letzte sporadische Kämpfe verglühen würden. Später würde ich ausgehen, durch endgültig verödete Straßen laufen können. So wie im buschigen Unterholz Pflanzenschichten übereinanderliegen, stehen in New York unterschiedliche Höhen und Stile in einem unvorhersehbaren Wirrwarr nebeneinander. In mehr als einer Straße hat man das Gefühl, durch einen Canyon, zwischen Felsburgen hindurchzulaufen. Ein wenig wie in Prag (aber eingeschränkter: Die New Yorker Gebäude decken nur ein Jahrhundert Architektur ab) hat man manchmal den Eindruck, in einem Organismus umherzulaufen, den Gesetzen des natürlichen Wachstums unterworfen. (Dagegen erstarren Burens Säulen in den Gärten des Palais Royal in einem albernen Gegensatz zu ihrer architektonischen Umgebung; man spürt deutlich die Gegenwart eines menschlichen Willens und sogar die eines recht dürftigen menschlichen Willens, in der Art eines Gags.) Es ist möglich, dass die menschliche Architektur den Gipfel ihrer Schönheit erst dann erreicht, wenn sie durch Brodeln und Aneinanderreihungen an ein natürliches Gebilde zu erinnern beginnt; genau wie die Natur den Gipfel ihrer Schönheit erst dann erreicht, wenn sie durch Lichtspiele und formale Abstraktion den Verdacht eines *voluntaristischen* Ursprungs erweckt.

DIE SCHÖPFERISCHE ABSURDITÄT

Dieser Artikel erschien in der Nummer 13 der Zeitschrift Les Inrockuptibles *anlässlich der Neuauflage.*

Jean Cohen, Theoretiker der Poesie, ist Autor zweier Werke: Structure du langage poétique (Die Struktur der poetischen Sprache) *(Flammarion/Champs, 1966) und* Le haut langage (Die hohe Sprache) *(Flammarion, 1979). Letzteres wurde 1995 kurz nach dem Tode des Autors bei José Corti neu aufgelegt.*

Structure du langage poétique wird den ernsthaften Kriterien der Universität gerecht. Das ist nicht unbedingt eine Kritik. Jean Cohen macht in seinem Buch darauf aufmerksam, dass sich die Poesie im Vergleich zur gewöhnlichen Sprache der Prosa, die dazu dient, Informationen zu übermitteln, erhebliche Abweichungen erlaubt. Sie benutzt immer wieder Epitheta, die nicht zwingend sind (»weiße Dämmerungen«, Mallarmé; »schwarze Parfüme«, Rimbaud). Sie erliegt der Versuchung des Evidenten (»Zerreißen Sie es nicht mit Ihren beiden weißen Händen«, Verlaine; der prosaische Geist feixt: Hat sie etwa drei?) Sie schreckt nicht vor einer gewissen Inkonsequenz zurück (»Ruth sann und Booz träumte, das Gras war schwarz«, Hugo; eine Aneinanderreihung von zwei Aussagen, unterstreicht Cohen, deren logische Einheit nur schwer nachzuvollziehen ist). Sie findet Gefallen – und das mit Vergnügen – an der Redundanz, die die Prosa als *Wiederholung* ächtet. Ein Grenzfall ist *Llanto por Ignacio Sanchez Mejias,* ein Gedicht von Garcia Lorca, in dem die Worte *cinco de la tarde* in den zweiundfünfzig Versen dreißigmal wiederkehren. Zum Nachweis seiner Behauptung analysiert der Autor im statistischen Vergleich poetische Texte und Texte in Prosa (Höhepunkt des Prosaischen sind für ihn – bezeichnenderweise – die Schriften der großen Wissenschaftler des ausgehenden 19. Jahrhunderts: Pasteur, Claude Bernard, Marcelin Berthelot). Die gleiche Methode führt ihn zu der Feststellung, dass das Ausmaß der poetischen Abweichung bei den Romantikern weit größer ist als bei den Klassikern und bei den Symbolisten noch zunimmt. Auch wenn man das intuitiv bereits geahnt hat, es ist dennoch angenehm, das so klar nachgewiesen zu bekommen. Am Ende des Buches ist man sich einer Sache sicher: Der Autor hat tatsächlich bestimmte für die Poesie charakteristische Abweichungen gefunden. Wohin aber tendieren diese Abweichungen? Worin besteht ihr Ziel, wenn sie eins besitzen?

Nach mehreren Wochen Seefahrt meldete man Christoph Columbus, dass die Hälfte der Lebensmittel aufgebraucht sei. Nichts wies auf die Nähe von Land hin. Das ist genau der Augenblick, in dem sein Abenteuer ins Heldenhafte umschlug: der Augenblick, in dem er die Entscheidung traf, weiter nach Westen zu segeln, obwohl er wusste, dass es nach menschlichem Ermessen keine Möglichkeit der Rückkehr mehr gab. Jean Cohen deckt seine Karten bereits in der Einführung von *Haut langage* auf: Was die Frage des Wesens der Poesie betrifft, wird er von allen bestehenden Theorien abrücken. Was die Poesie ausmacht, sagt er, ist nicht die Tatsache, dass der

Prosa (wie man lange Zeit geglaubt hat, zu jener Zeit, als ein Gedicht es sich schuldig war, in Versen abgefasst zu sein) eine bestimmte Musik hinzugefügt wird; es ist auch nicht die Tatsache, dass man einer unterschwelligen Bedeutung eine explizite Bedeutung hinzufügt (marxistische, Freudsche Deutungen etc.) Es ist noch weniger die Tatsache, dass sich hinter der ersten Bedeutung noch andere Bedeutungen verbergen (polysemische Theorie). Kurz gesagt, Poesie ist nicht Prosa plus etwas anderes: Sie ist nicht mehr als Prosa, sie ist *anders*. *Structure du langage poétique* endete mit der Feststellung: Die Poesie weicht von der gewöhnlichen Sprache ab, und sie tut es immer mehr. Dabei kommt einem natürlich eine Theorie in den Sinn: Ziel der Poesie sei es demnach, eine maximale Abweichung festzumachen, alle bestehenden Kommunikationscodes aufzubrechen, zu dekonstruieren. Auch diese Theorie weist Jean Cohen zurück. Jede Sprache, versichert er, übernimmt eine Funktion von Intersubjektivität, und auch die Poesie entgeht dieser Regel nicht: Die Poesie spricht anders, aber sie spricht von der Welt, so wie die Menschen sie wahrnehmen. Genau an diesem Punkt geht er ein nennenswertes Risiko ein: Denn wenn die abweichenden Strategien der Poesie nicht ihr eigentliches Ziel sind, wenn die Poesie wirklich mehr ist als eine Suche nach oder ein Spiel mit der Sprache, wenn sie wirklich anstrebt, eine andere Sprache über dieselbe Realität zu begründen, dann hat man es mit zwei unversöhnlichen Weltanschauungen zu tun.

Die Marquise ging um fünf Uhr siebzehn fort; sie hätte auch um sechs Uhr zweiunddreißig fortgehen können. Das Wassermolekül setzt sich aus zwei Wasserstoffatomen und einem Sauerstoffatom zusammen. Der Umfang der Geldgeschäfte hat 1995 beträchtlich zugenommen. Um die Erdanziehungskraft zu überwinden, muss eine Rakete beim Start eine Schubkraft entwickeln, die zu ihrer Masse direkt proportional ist. Die Sprache der Prosa gliedert Überlegungen, Argumente, Fakten; im Grunde gliedert sie vor allem Fakten. Willkürliche, aber mit großer Präzision beschriebene Ereignisse kreuzen sich in einem neutralen Raum und einer neutralen Zeit. Aus unserer Weltanschauung verschwindet jeder qualitative oder emotionale Aspekt. Es handelt sich um die vollkommene Verwirklichung von Demokrits Ausspruch: »Das Zarte und das Bittere, das Warme und das Kalte sind nur Meinungen; es gibt an Wahrem nur die Atome und die Leere.« Ein Text von wirklicher, aber begrenzter Schönheit, bei dem man unwiderstehlich an den Stil der Autoren des Nouveau Roman erinnert wird, deren Einfluss sich seit ungefähr vierzig Jahren fortsetzt, eben weil dieser Stil einer demokritischen Metaphysik entspricht, die noch immer überwiegt; in einem Maße, dass man sie mitunter mit dem wissenschaftlichen Programm insgesamt verwechselt, während dieses nur ein Gelegenheitsbündnis mit ihr eingegangen ist – selbst wenn dieses Bündnis mehrere Jahrhunderte gehalten hat –, dazu bestimmt, das religiöse Denken zu bekämpfen.

»Wenn tief und schwer der Himmel wie ein Deckel drückt ...« Dieser wie so viele Verse von Baudelaire schrecklich *schwerfällige* Vers strebt etwas ganz anderes an als die Weitergabe einer Information. Es ist nicht nur der Himmel, sondern die ganze Welt, das Wesen dessen, der spricht, die Seele dessen, der zuhört, die von einem Ton der Angst und Beklemmung befallen werden. Die Poesie ereignet sich; Pathetik überflutet die Welt.

Jean Cohen zufolge strebt die Poesie danach, einen von Grund auf alogischen Diskurs zu erzeugen. Für die Sprache, die informiert, ist es möglich, dass das, was ist, nicht oder anders ist, anderswo oder in einer anderen Zeit. Die Abweichungen der Poesie dagegen streben nach einem »Effekt der Unumschränktheit«, bei dem das Bejahende die gesamte Welt überflutet, ohne dass sich ein äußerlicher Widerspruch behaupten könnte. Dies rückt das Gedicht in die Nähe von primitiveren Ausdrucksformen wie Wehklagen oder Geschrei. Das Register ist zugegeben von beachtenswertem Umfang, aber die Wörter sind ihrem Wesen nach dem Schrei gleich. In der Poesie beginnen sie zu schwingen, sie finden ihre ursprüngliche Schwingung wieder. Diese aber ist nicht nur musikalischer Natur. Es ist die von ihnen bezeichnete Realität, die durch die Worte zu ihrer gräulichen oder zauberischen Macht, zu ihrem ursprünglichen Pathos zurückfindet. Azurblau ist eine unmittelbare Erfahrung. Genauso fühlt sich der Mensch allein auf der Welt, wenn die Helligkeit des Tages abnimmt, wenn die Dinge ihre Farben und Konturen verlieren und langsam in einem Grau verschmelzen, das dunkler wird. Das war der Fall seit seinen ersten Tagen auf der Welt, das war der Fall, noch bevor er Mensch war. Es ist älter als jede Sprache. Die Poesie versucht, zu diesen aufwühlenden Wahrnehmungen zurückzufinden, wozu sie natürlich die Sprache, den »Signifikanten«, benutzt. Die Sprache ist für sie jedoch nur ein Mittel. Eine Theorie, die Jean Cohen in folgendem Satz zusammenfasst: »Die Poesie ist der Gesang des Signifikats.«

Man versteht sodann, dass er davon ausgehend eine andere These entwickelt: Bestimmte Wahrnehmungsweisen der Welt sind in sich poetisch. Alles, was dazu beiträgt, Grenzen aufzulösen, aus der Welt ein homogenes und undifferenziertes Ganzes zu machen, ist von poetischer Kraft durchdrungen (so verhält es sich mit Nebel oder der Dämmerung). Bestimmte Dinge haben eine poetische Auswirkung, nicht als Dinge, sondern weil sie, indem sie einzig durch ihre Präsenz die Begrenzung des Raumes und der Zeit rissig machen, einen besonderen psychologischen Zustand herbeiführen (und die Analysen über den Ozean, die Ruine, das Schiff sind zugegebenermaßen verwirrend). Die Poesie ist nicht nur eine andere Sprache, sie ist ein anderer Blick. Eine Art, die Welt, alle Dinge der Welt zu sehen (Autobahnen genau wie Schlangen, Blumen genau wie Parkplätze). In diesem Abschnitt des Buches gehört Jean Cohens Poetik in keiner Weise mehr der Linguistik an; sie knüpft direkt an die Philosophie an.

Jede Wahrnehmung baut auf einer doppelten Unterscheidung auf: der zwischen dem Objekt und dem Subjekt und der zwischen dem Objekt und der Welt. Die Klarheit, mit der diese Unterschiede gesehen werden, hat weitreichende philosophische Implikationen, und ohne willkürlich zu sein, lassen sich die bestehenden Metaphysiken längs dieser beiden Achsen verteilen. Jean Cohen zufolge bewirkt die Poesie eine allgemeine Auflösung der Markierungen: Objekt, Subjekt und die Welt verschmelzen in ein- und derselben pathetischen und lyrischen Stimmung. Demokrits Metaphysik dagegen treibt die Klarheit dieser beiden Unterscheidungen bis zum Äußersten (eine Klarheit, die blendet wie die Sonne auf weißen Steinen an einem Augustnachmittag: »Es gibt nichts anderes als die Atome und die Leere.«).

Im Prinzip scheint man sich in der Sache einig, die Poesie –

als sympathisches Überbleibsel einer prälogischen Mentalität, der Mentalität des Primitiven oder des Kindes – zu verurteilen. Das Problem besteht darin, dass Demokrits Metaphysik falsch ist. Sie stimmt, um genauer zu sein, nicht mehr mit den Erkenntnissen der Physik des 20. Jahrhunderts überein. Die Quantenmechanik macht in der Tat jede Möglichkeit einer materialistischen Metaphysik zunichte und führt dazu, dass die Unterscheidungen zwischen Objekt, Subjekt und der Welt von Grund auf neu überdacht werden müssen.

Bereits 1927 unterbreitete Niels Bohr einen Vorschlag, die sogenannte »Kopenhagener Deutung«. Die Kopenhagener Deutung, Ergebnis eines mühsamen und mitunter tragischen Kompromisses, betont die Instrumente, die Messprotokolle. Sie stellt den Akt der Erkenntnis auf neue Grundlagen und zeigt damit die ganze Dimension von Heisenbergs Unschärferelation: Wenn es unmöglich ist, alle Parameter eines physikalischen Systems gleichzeitig mit Präzision zu messen, dann nicht nur, weil sie »durch die Messung gestört werden«, sondern weil sie nicht unabhängig von ihr existieren. Von ihrem früheren Zustand zu sprechen, hat folglich keinen Sinn. Die Kopenhagener Deutung befreit den wissenschaftlichen Akt, indem sie das Paar Beobachter – Beobachtetes an den Ort und Platz einer hypothetischen realen Welt stellt. Sie ermöglicht es, die Wissenschaft allgemeingültig als zwischenmenschliches Kommunikationsmittel über »das, was wir beobachtet haben, das, was wir gelernt haben«, um Bohrs Worte zu verwenden, neu zu begründen.

Die Physiker dieses Jahrhunderts sind der Kopenhagener Deutung insgesamt treu geblieben, was keine sehr bequeme Position ist. Denn in der tagtäglichen Praxis der Forschung ist das beste Mittel voranzukommen natürlich, sich an einen streng positivistischen Ansatz zu halten, der sich wie folgt zusammenfassen lässt: »Wir begnügen uns damit, Beobachtungen zu sammeln, Beobachtungen von Menschen, und sie mit Gesetzen in Einklang zu bringen. Die Idee der Wirklichkeit ist nicht wissenschaftlich, sie interessiert uns nicht.« Nichtsdestotrotz muss es unangenehm sein, sich mitunter darüber klar zu werden, dass die Theorie, die man gerade aufstellt, nicht in einer klar verständlichen Sprache formulierbar ist.

Und das in einem Maße, dass sich merkwürdige Annäherungen andeuten. Seit Langem verblüfft mich die Feststellung, dass die Theoretiker der Physik, wenn sie die Spektralzerlegungen, die Hilbert-Räume, die hermitischen Operatoren usw. hinter sich gelassen haben, die das Gros ihrer Publikationen ausmachen, die poetische Sprache jedes Mal nachdrücklich würdigen – wenn man sie dazu befragt. Weder den Kriminalroman noch die serielle Musik: nein, was sie interessiert und verwirrt, ist bezeichnenderweise die Poesie. Bevor ich Jean Cohen gelesen hatte, verstand ich wirklich nicht, weshalb. Als ich seine Poetik entdeckte, wurde mir bewusst, dass wirklich etwas im Gange war und dass dieses Etwas im Zusammenhang mit den Vorschlägen von Niels Bohr stand.

In der begrifflichen Katastrophenstimmung, die die Entdeckung der ersten Quanten bewirkt hatte, hat man mitunter nahegelegt, dass es angebracht wäre, eine neue Sprache zu schaffen, eine neue Logik – oder gar beides. Es war klar, dass die alte Sprache und Logik für die Darstellungen des Universums der Quanten nicht geeignet war. Bohr war dennoch zurückhaltend. Die Poesie, betonte er, beweise, dass der subtile und zum Teil widersprüchliche Gebrauch der Umgangssprache es ermöglicht, ihre Grenzen zu überwinden. Das von Bohr eingeführte Prinzip der Komplementarität ist eine Form, mit dem Widerspruch *subtil umzugehen:* Man führt zur Betrachtung der Welt simultan zwei komplementäre Blickwinkel ein, von denen sich jeder unzweideutig in einer klar verständlichen Sprache ausdrücken lässt und die beide, voneinander getrennt, falsch sind. Ihre gemeinsame Präsenz schafft eine neue, für die Vernunft unbehagliche Situation. Aber nur mit diesem konzeptuellen Unbehagen wird es uns gelingen, zu einer korrekten Darstellung der Welt zu gelangen. Darüber hinaus bekräftigt Jean Cohen, dass der absurde Gebrauch, den die Poesie von der Sprache macht, nicht ihr eigentliches Ziel ist. Die Poesie bricht die Ketten des Kausalen und spielt unentwegt mit der Explosivkraft der Absurdität; aber sie ist nicht die Absurdität. Sie ist die Absurdität, die zur Schöpferin gemacht wurde; zur Schöpferin eines anderen, seltsamen, aber unmittelbaren, unbegrenzten, emotionalen Sinnes.

GESPRÄCH MIT JEAN-YVES JOUANNAIS
UND CHRISTOPHE DUCHÂTELET

Das Gespräch erschien in *Art Press,* n° 199, Februar 1995.

Was macht die wenigen Schriften, deren Autor du bist – vom Essay über H. P. Lovekraft über den Band Rester vivant (Am Leben bleiben) *mit der Gedichtsammlung* La poursuite du bonheur (Die Verfolgung des Glücks) *bis zum letzten Roman* Ausweitung der Kampfzone –, *zu einem Werk? Welche Einheit, welcher Grundgedanke, welche Besessenheit liegt ihm zugrunde?*

Ich glaube, ihm liegt vor allem die Ahnung zugrunde, dass das Universum auf der Trennung, dem Leiden und dem Bösen basiert; der Entscheidung, diesen Sachverhalt zu beschreiben und ihn möglicherweise zu überwinden. Die Frage der – literarischen oder nicht literarischen – Mittel ist nebensächlich. Am Anfang steht die radikale Verweigerung der Welt im Zustand, in dem sie sich befindet, sowie der Glaube an die Begriffe von Gut und Böse. Der Wille, diese Begriffe zu ergründen, ihren Wirkungsbereich – mich selber einbegriffen – abzustecken. Dann erst kommt die Literatur. Der Stil kann variieren; das ist eine Frage des inneren Rhythmus, des persönlichen Befindens. Ich sorge mich nicht sonderlich um Fragen der Kohärenz; mir scheint, dass sich das von selbst ergibt.

Ausweitung der Kampfzone *ist dein erster Roman. Wie kam es nach einem Gedichtband zu dieser Entscheidung?*

Ich wünschte, es gäbe keinen Unterschied. Man müsste einen Gedichtband hintereinanderweg, von Anfang bis Ende, lesen können. Genauso müsste sich ein Roman auf einer x-beliebigen Seite aufschlagen lassen und unabhängig vom Kontext gelesen werden können. Es gibt keinen Kontext. Es ist angebracht, dem Roman zu misstrauen, man darf sich weder von der Geschichte hereinlegen lassen noch vom Tonfall noch vom Stil. Genau wie man im Alltag vermeiden muss, sich von seiner eigenen Geschichte hereinlegen zu lassen – oder, noch heimtückischer, von der Persönlichkeit, von der man annimmt, dass es die eigene ist. Man sollte sich eine gewisse lyrische Freiheit erkämpfen; ein idealer Roman sollte Versdichtung und Gesangspassagen enthalten können.

Er könnte auch wissenschaftliche Diagramme enthalten.

Ja, das wäre perfekt. Man sollte alles hineinstecken können. Novalis und die deutschen Romantiker allgemein zielten auf eine totale Erkenntnis ab. Es war ein Irrtum, diese Ambition aufzugeben. Wir zappeln wie zerquetschte Fliegen. Was der Tatsache keinen Abbruch tut, dass wir zur totalen Erkenntnis bestimmt sind.

Deine Texte sind eindeutig von einem schrecklichen Pessimismus gekennzeichnet. Könntest du zwei oder drei Gründe nennen, die deiner Meinung nach dem Selbstmord Aufschub gewähren?

Kant hat den Selbstmord 1797 in seinen *Metaphysischen Anfangsgründen der Tugendlehre* rundweg verurteilt. Ich zitiere ihn.»In seiner eigenen Person das Subjekt der Sittlichkeit zu vernichten, heißt, die Sittlichkeit, soweit es von einem selbst abhängt, aus der Welt zu schaffen.«Das Argument scheint wie oft bei Kant naiv und in seiner Unschuld ziemlich pathetisch; dennoch glaube ich, dass es das einzig gültige ist. Nur das Pflichtgefühl kann uns wirklich am Leben erhalten. Konkret gesagt: Will man sich mit einer praktischen Pflicht versehen, muss man es so einrichten, dass das Glück eines anderen von der eigenen Existenz abhängt; man kann zum Beispiel versuchen, ein kleines Kind großzuziehen, oder man kann zur Not einen Pudel kaufen.

Kannst du dich zu der soziologischen Theorie äußern, derzufolge der für den Kapitalismus typische Kampf um den sozialen Erfolg mit einem perfideren und brutaleren, diesmal sexuellen Kampf gekoppelt ist?

Das ist ganz einfach. Jede tierische und menschliche Gesellschaft richtet ein hierarchisches Differenzierungssystem ein, das sich auf Geburt (aristokratisches System), auf Reichtum, auf Schönheit, auf Körperkraft, auf Intelligenz, auf Begabung gründen kann. Diese Kriterien halte ich übrigens alle für gleich verachtenswert, ich lehne sie ab. Die einzige Überlegenheit, die ich anerkenne, ist die Güte. Gegenwärtig bewegen wir uns in einem zweidimensionalen System: dem der erotischen Attraktivität und dem des Geldes. Alles andere, das Glück und das Unglück der Leute, leitet sich daraus ab. Für mich handelt es sich in keiner Weise um eine Theorie.

Wir leben tatsächlich in einer simplen Gesellschaft, für deren komplette Beschreibung diese wenigen Sätze ausreichen.

Eine der brutalsten Szenen des Romans spielt in einem Nachtklub in der Vendée. Dort finden rein sexuelle Begegnungen statt, Szenen misslungener Verführung, Misserfolge, die Ursache für Rachegefühle und Bitterkeit sind. Dieser Ort erscheint in deinen Texten wie das Pendant zu einem Supermarkt. Wird an ihm auf die gleiche Weise konsumiert?

Nein. Man könnte eine Parallele ziehen zwischen der Werbung für Hühner und der für Miniröcke. Aber mit der Hervorhebung des Angebots hört die Analogie auch auf. Der Supermarkt ist das wahre Paradies der Moderne. Der Kampf hört an seiner Tür auf, die Armen beispielsweise betreten ihn nicht. Man hat woanders Geld verdient, jetzt wird es ausgegeben für ein sich ständig erneuerndes und abwechslungsreiches Angebot, dessen guter Geschmack meist zuverlässig und dessen Nährwert gut dokumentiert ist. Nachtklubs bieten einen ganz anderen Anblick. Trotz fehlender Aussichten werden sie weiterhin von zahlreichen Frustrierten besucht. Sie haben somit Gelegenheit, sich Minute für Minute ihre eigene Erniedrigung vor Augen zu führen. Wir stehen der Hölle hier viel näher. Nebenbei gesagt, gibt es Supermärkte des Sex, die einen nahezu kompletten Pornokatalog anbieten. Das Wesentliche aber fehlt ihnen. Denn das, was beim Sex hauptsächlich gesucht wird, ist nicht der Genuss, sondern die narzisstische Befriedigung, die Huldigung, die der begehrte Partner der eigenen erotischen Geschicklichkeit erweist. Das ist übrigens auch der Grund, weshalb Aids nicht viel verändert hat. Das Kondom verringert den Genuss, aber im Gegensatz zu Lebensmitteln ist nicht der Genuss das gesuchte Ziel: Ziel ist die narzisstische Trunkenheit der Eroberung. Der Pornokonsument verspürt nicht nur nicht diese Trunkenheit, sondern ein oft geradezu entgegengesetztes Gefühl. Will man das Bild vervollständigen, könnte man abschließend hinzufügen, dass manche Leute, solche mit abweichenden Wertmaßstäben, Sexualität weiterhin mit Liebe gleichsetzen.

Könntest du dich zu dem Informatikingenieur äußern, den du den »vernetzten Menschen« genannt hast? Worauf verweist diese Art von Figur in der heutigen Welt?

Man muss sich darüber klar werden, dass die Fertigwaren dieser Welt – Stahlbeton, elektrische Lampen, Metrozüge, Taschentücher – gegenwärtig von einer kleinen Klasse von Ingenieuren und Technikern entworfen und produziert werden. Sie sind imstande, sich entsprechende Apparaturen auszudenken und umzusetzen, sie allein sind wirklich produktiv. Sie stellen vielleicht 5 % der berufstätigen Bevölkerung dar – und dieser Prozentsatz ist ständig am Sinken. Der soziale Nutzen des restlichen Unternehmenspersonals – kaufmännische Angestellte, Werbeleute, Büroangestellte, Verwaltungskader, Designer – ist viel weniger einsichtig: Sie könnten verschwinden, ohne dass der Produktionsprozess dadurch wirklich beeinträchtigt würde. Ihre Rolle besteht offensichtlich darin, verschiedene Informationsklassen aufzustellen und zu manipulieren, das heißt verschiedene Pausverfahren für eine Realität, die ihnen aus den Händen gleitet. Die ge-

genwärtige Explosion von Informationsübertragungsnetzen muss in diesen Zusammenhang gestellt werden. Eine Handvoll Techniker – in Frankreich sind das höchstens fünftausend Personen – ist für das Definieren der Protokolle und das Realisieren der Apparaturen verantwortlich, die in den kommenden Jahrzehnten den sofortigen Transport jeglicher Form von Information – Text, Ton, Bild, möglicherweise auch taktile und elektrochemische Stimuli – auf weltweiter Ebene ermöglichen sollen. Einige von ihnen entwickeln zu ihrer Tätigkeit einen positiven Diskurs, demzufolge der Mensch, von dem man annimmt, er stünde im Zentrum der Produktion und verarbeite die Informationen, seine volle Größe erst in der Vernetzung mit einer größtmöglichen Anzahl analoger Zentren finden werde. Die Mehrzahl dagegen entwickelt keinen Diskurs; sie begnügt sich damit, ihre Arbeit zu tun. Damit verwirklicht sie voll und ganz das Techniker-Ideal, das den Gang der Geschichte der westlichen Gesellschaften seit dem Ende des Mittelalters steuert und das sich in einem Satz zusammenfassen lässt: »Wenn es technisch realisierbar ist, wird es technisch realisiert werden.«

Man kann deine Geschichte einer zunächst psychologischen Lesart unterziehen, es ist jedoch die soziologische Lesart, die nachhaltig prägt. Handelt es sich womöglich um ein Werk, das eher wissenschaftliche als literarische Ambitionen hat?

Das ginge nun doch zu weit. Als Jugendlicher war ich in der Tat von der Wissenschaft fasziniert – insbesondere von den neuen Konzepten, die in der Quantenmechanik entwickelt wurden. Diese Fragen bin ich in meinen Schriften jedoch noch nicht wirklich angegangen. Die realen Überlebensbedingungen dieser Welt haben mich wahrscheinlich zu sehr in Anspruch genommen. Dennoch bin ich ein wenig überrascht, wenn man mir sagt, dass mir psychologische Porträts von Individuen, von Personen gelingen. Vielleicht ist es wahr, aber auf der anderen Seite habe ich oft den Eindruck, dass die Individuen in etwa identisch sind, dass das, was sie ihr Ich nennen, nicht wirklich existiert, und dass es in gewissem Sinne einfacher ist, den Gang der Geschichte zu definieren. Vielleicht liegen hier die Prämissen einer Komplementarität à la Niels Bohr vor: Welle und Teilchen, Position und Geschwindigkeit, Individuum und Geschichte. Was das mehr Literarische angeht, so spüre ich deutlich die Notwendigkeit zweier komplementärer Herangehensweisen: das Pathetische und das Klinische. Auf der einen Seite das Sezieren, die kaltblütige Analyse, der Humor; auf der anderen die emotionale und lyrische Anteilnahme, lyrisch im Sinne eines unmittelbaren Lyrismus.

Du hast dir das Genre des Romans ausgesucht, trotzdem scheinst du die Poesie von Natur aus vorzuziehen.

Die Poesie ist das natürlichste Mittel, um die reine Intuition eines Augenblicks zu vermitteln. Es gibt wirklich einen Kern reiner Intuition, der sich direkt in Bilder oder Wörter überträgen lässt. Solange man bei der Poesie bleibt, bleibt man bei der Wahrheit. Die Probleme fangen erst an, wenn es darum geht, diese Fragmente zu gliedern, eine sowohl inhaltliche als auch musikalische Kontinuität herzustellen. Dabei hat mir wahrscheinlich die Erfahrung der Montage sehr geholfen.

Du hast in der Tat einige Kurzfilme gedreht, bevor du mit dem Schreiben begonnen hast. Wer hat dich beeinflusst? Und welchen Bezug gibt es zwischen diesen Bildern und deiner Literatur?

Ich mochte Murnau und Dreyer sehr; ich mochte auch all das, was man deutschen Expressionismus genannt hat – auch wenn der wichtigste bildliche Bezugspunkt dieser Filme wahrscheinlich mehr die Romantik als der Expressionismus ist. Sie studieren die Faszination der Reglosigkeit, die ich versucht habe, in Bilder, später in Worte umzusetzen. Es gibt noch etwas anderes, das tief in mir sitzt, eine Art ozeanisches Gefühl. Es ist mir nicht gelungen, es in Filmen zu umschreiben. Ich hatte nicht einmal wirklich Gelegenheit, es zu probieren. Es in Worte umzusetzen, ist mir mitunter gelungen, in einigen Gedichten. Aber ich werde mich sicherlich eines Tages auf die Bilder besinnen müssen.

Kann man sich zum Beispiel vorstellen, deinen Roman zu verfilmen?

Ja, durchaus. Im Grunde handelt es sich um ein Drehbuch, das dem von *Taxi Driver* recht nahekommt. Die visuelle Seite muss jedoch verändert werden. Es hat nichts mit New York zu tun: Die Filmkulisse würde sich hauptsächlich aus Glas, Stahl, reflektierenden Oberflächen zusammensetzen. Büros von Landschaftsarchitekten, Bildschirme; das Universum einer neuen Stadt, die ein in seiner Art einmaliger, erfolgreich geregelter Verkehr durchquert. Gleichzeitig ist die Sexualität in diesem Buch eine Folge von Misserfolgen. Man sollte vor allem jede Verherrlichung des Erotischen vermeiden; die Ermüdung filmen, die Masturbation, das Erbrechen. Aber all das in einer durchsichtigen, kunterbunten, fröhlichen Welt. Wenn man schon einmal dabei ist, könnte man auch Diagramme und grafische Darstellungen einführen: sexuelle Hormonwerte im Blut, Gehalt in Kilofrancs ... Man darf nicht zögern, Theoretiker zu sein; man muss auf allen Fronten angreifen. Eine Überdosis Theorie erzeugt eine eigenartige Dynamik.

Du beschreibst deinen Pessimismus als etwas, das nur eine Etappe sein dürfte. Was kann danach kommen?

Ich würde gern der beklemmenden Gegenwart der modernen Welt entkommen; in ein Universum à la *Mary Poppins* zurückkehren, in dem alles gut wäre. Ich weiß nicht, ob mir das gelingen wird. Auch sich über die allgemeine Entwicklung der Dinge zu äußern, ist schwer. In Anbetracht des vorliegenden sozioökonomischen Systems, in Anbetracht vor allem unserer philosophischen Annahmen ist absehbar, dass sich der Mensch unter furchtbaren Bedingungen demnächst in eine Katastrophe stürzt; wir sind schon mittendrin. Die logische Folge des Individualismus ist Mord und Unglück. Die Begeisterung, mit der wir uns in diesen Ruin stürzen, ist bemerkenswert, wirklich sehr seltsam. Es ist zum Beispiel erstaunlich, mit welch freudiger Unbekümmertheit man die Psychoanalyse aus dem Weg geräumt hat – die es zugegeben durchaus verdiente –, um sie durch eine reduzierende Lesart des Menschen auf der Basis von Hormonen und Neurotransmittern zu ersetzen. Die mit den Jahrhunderten fortgeschrittene Auflösung der Sozial- und Familienstrukturen, die zunehmende Tendenz von Individuen, sich als isolierte, dem Stoßgesetz unterliegende Teilchen, als provisorische Aggregate noch kleinerer Teilchen anzusehen, all das bewirkt natürlich, dass sich auch nicht die geringfügigste politische Lösung in die Praxis umsetzen lässt. Es ist folglich legitim, dass man damit anfängt, die Quellen eines hohlen Optimismus zu beseitigen. Wenn man auf eine mehr philosophische Analyse der Geschehnisse zurückkommt, wird einem bewusst, dass die Situation noch seltsamer ist, als man zunächst geglaubt hat. Von einem falschen Weltbild geleitet, steuern wir auf eine Katastrophe zu; und niemand weiß es. Die Neurochemiker selber scheinen sich nicht darüber im Klaren zu sein, dass ihre Disziplin auf einem Minenfeld vorrückt. Früher oder später werden sie die molekularen Grundlagen des Bewusstseins angehen; sie werden sich dann mit voller Wucht an Denkweisen stoßen, die aus der Quantenphysik hervorgegangen sind. Wir werden nicht um eine Neudefinition der Wissensgrundlagen, um eine Neudefinition des eigentlichen Begriffs der Realität herumkommen; für das Gefühlsleben sollte man sich das bereits jetzt vor Augen führen. Wie dem auch sei, wir werden sterben, solange wir eine mechanistische und individualistische Weltanschauung beibehalten. Es erscheint mir daher unvernünftig, noch länger im Leiden und Bösen zu verharren. Die Idee des Ich besetzt seit fünfhundert Jahren den Raum. Es ist Zeit, eine andere Richtung einzuschlagen.

BRIEF AN LAKIS PROGUIDIS

In der Nummer 9 der Zeitschrift L'Atelier du roman *untersuchte Lakis Proguidis das Verhältnis zwischen Poesie und Roman, und das ganz besonders in meinen Schriften. Diese »Antwort« erschien in der Nummer 10 (Frühjahr 1997).*

Mein lieber Lakis,

seit wir uns kennen, spüre ich, dass Dich meine seltsame (zwanghafte? masochistische?) Verbundenheit mit der Poesie, die ich in regelmäßigen Abständen zum Ausdruck bringe, verwirrt. Du hast natürlich ein Vorgefühl für deren Nachteile: die Sorge der Verleger, die Bestürzung der Kritiker; fügen wir, um das Bild abzurunden, hinzu, dass ich seit meinem Erfolg als Romancier die Dichter aufbringe. Angesichts einer so hartnäckig verfolgten Manie stellst Du Dir natürlich Fragen; Deine Fragen gaben schließlich Anlass zu einem Artikel, der in der Nummer 9 von *L'Atelier du Roman* erschien. Sagen wir es ganz deutlich: Ich war von der Ernsthaftigkeit und der Tiefe dieses Artikels beeindruckt. Nach seiner Lektüre spürte ich, dass es schwierig werden würde, mich noch länger zu entziehen; dass es an mir sein würde, zu versuchen, mich zu den von Dir gestellten Fragen zu äußern.

Die Idee einer Literaturgeschichte, die von der globalen Menschheitsgeschichte abgetrennt wäre, scheint mir nur wenig brauchbar (und ich würde dem hinzufügen, dass die Demokratisierung des Wissens sie immer künstlicher macht). Wenn ich mich im Folgenden auf außerliterarische Wissensbereiche beziehe, geschieht dies folglich weder aus Provokation noch aus einer Laune heraus. Das 20. Jahrhundert wird für die breite Öffentlichkeit ohne jeden Zweifel das Zeitalter bleiben, in dem eine wissenschaftliche Erklärung der Welt triumphierte, von der sie meint, sie gehe einher mit einer materialistischen Ontologie und mit dem Prinzip des lokalen Determinismus. So gewinnt etwa die Erklärung menschlicher Verhaltensmuster mithilfe einer kurzen Liste digitaler Parameter (im Wesentlichen eine Konzentration von Hormonen und Neurotransmittern) jeden Tag an Boden. In diesen Dingen gehört der Romancier ganz offensichtlich der breiten Öffentlichkeit an. Ist er ehrlich, müsste ihm die Gestaltung einer Romanfigur folglich wie eine ein wenig vergebliche Stilübung erscheinen; kurz, ein technischer Plan würde ausreichen. Es ist peinlich, das zu sagen, aber das Konzept der Romanfigur scheint mir die Existenz wenn nicht einer Seele, so doch wenigstens einer *psychologischen Tiefe* vorauszusetzen. Zumindest muss man zugeben, dass die zunehmende Erkundung einer Psychologie lange Zeit als eines der Spezialgebiete des Romanciers gegolten hat und dass die radikale Einschränkung seiner Fähigkeiten ihn zu Zweifeln hinsichtlich der Rechtmäßigkeit seiner Tätigkeit führen muß.

Schlimmer noch: Wie die Beispiele von Dostojewski oder von Thomas Mann eindringlich zeigen, ist der Roman der natürliche Ort, um philosophische Debatten auszutragen oder philosophische Zerrissenheit zum Ausdruck zu bringen. Es ist ein Euphemismus zu sagen, dass der Triumph des Glaubens an die Wissenschaft den Raum dieser Debatten, den Umfang dieser Zerrissenheit gefährlich einschränkt. Wenn unsere Zeitgenossen über das Wesen der Welt aufgeklärt werden möchten, wenden sie sich nicht mehr an Philosophen oder Denker, die aus den »Geisteswissenschaften« kommen – die sie meist für harmlose Kasper halten –, sondern vertiefen sich in Stephen Hawking, Jean-Didier Vincent oder Trinh Xuan Thuan. Mir scheint, dass die beschränkte Mode der Kneipendiskussionen, der noch durchschlagendere Erfolg der Astrologie oder der Hellseherei höchstens ausgleichende, verschwommen schizophrene Reaktionen auf die Ausweitung der für unausweichlich gehaltenen wissenschaftlichen Weltanschauung sind.

Unter diesen Bedingungen wendet sich der in einem erstickenden Behaviorismus verfangene Roman schließlich seinem einzigen, allerletzten Rettungsanker zu: der »Schreibweise« (in diesem Stadium wird das Wort »Stil« kaum noch benutzt; es ist nicht beeindruckend, nicht mysteriös genug). Summa summarum stünde auf der einen Seite die Wissenschaft, die Ernsthaftigkeit, die Erkenntnis, das Reale. Auf der anderen Seite die Literatur, ihre Willkürlichkeit, ihre Eleganz, ihre Spiele mit der Form; die Produktion von »Texten«, kleinen spielerischen Gegenständen, die sich durch den Zusatz von Präfixen (Para-, Meta-, Inter-) kommentieren lassen. Der Inhalt dieser Texte? Es ist nicht gesund, nicht zulässig, ja, sogar unvorsichtig, davon zu sprechen.

Das Spektakel hat seine traurige Seite. Was mich betrifft, habe ich den technischen Ausschweifungen, wie sie von diesem oder jenem Formalisten des Nouveau Roman für ein so dünnes Endresultat ins Werk gesetzt wurden, nie ohne Herzbeklemmen beiwohnen können. Um durchzuhalten, wiederholte ich mir oft Schopenhauers Satz: »Die erste – und praktisch einzige – Voraussetzung für einen guten Stil ist, dass man etwas zu sagen hat.« Dieser Satz ist in seiner charakteristischen Brutalität hilfreich. Wenn zum Beispiel in einer literarischen Unterhaltung das Wort »Schreibweise« fällt, weiß man, dass es Zeit ist, sich ein wenig zu entspannen. Sich umzuschauen, noch ein Bier zu bestellen. Was hat das mit Poesie zu tun? Anscheinend gar nichts. Im Gegenteil – die Poesie scheint auf den ersten Blick noch ernsthafter von der dummen Idee angesteckt, derzufolge die Literatur eine Arbeit mit Sprache sei; mit dem Ziel, eine Schreibweise hervorzubringen. Ein erschwerender Umstand: Sie ist besonders empfänglich für die formalen Bedingungen, unter denen sie ausgeübt wird (Georges Perec zum Beispiel ist es gelungen, trotz Oulipo ein großer Schriftsteller zu werden; ich kenne keinen Dichter, der dem Lettrismus widerstanden hätte). Anzumerken ist jedoch, dass die Auslöschung der Romanfigur sie in keiner Weise betrifft, dass die philosophische – übrigens genauso wenig wie irgendeine andere – Debatte nie ihr natürlicher Ort gewesen ist. Sie behält also einen Großteil ihrer Kraft – unter der Bedingung natürlich, dass sie es akzeptiert, von ihr Gebrauch zu machen.

Ich finde interessant, dass Du im Zusammenhang mit mir Christian Bobin erwähnst, sei es, um zu betonen, was mich von diesem liebenswürdigen Gottesanbeter unterscheidet (was mich bei ihm irritiert, ist weniger seine Entzückung über die »bescheidenen Dinge der von Gott geschaffenen Welt« als der ständig von ihm vermittelte Eindruck, dass er über seine eigene Entzückung entzückt ist). Du hättest auch den um einiges abscheulicheren, zweifelhaften Coelho erwähnen können. Ich habe nicht die Absicht, den unangenehmen Folgen der von mir getroffenen Wahl auszuweichen: nämlich die eingeschläferte Macht der poetischen Ausdruckskraft wiederzuerwecken. Wenn die Poesie, sobald sie über die Welt zu sprechen versucht, so mühelos metaphysischer oder mystischer Tendenzen beschuldigt wird, dann aus einem einfachen Grund: Außer dem mechanistischen Reduktionismus und den Albernheiten des *New Age* gibt es nichts mehr. Nichts. Eine erschreckende intellektuelle Leere, eine totale Wüste.

Das 20. Jahrhundert wird – auch – als jenes paradoxe Zeitalter zurückbleiben, in dem die Physiker den Materialismus widerlegten, auf den lokalen Determinismus verzichteten und alles in allem jene Ontologie der Dinge und Eigenschaften völlig aufgaben, die sich zur gleichen Zeit in der breiten Öffentlichkeit als das konstitutive Element einer wissenschaftlichen Weltanschauung durchsetzte. In dieser (wirklich ausgezeichneten) Nummer 9 von *L'Atelier du roman* wird die einnehmende Persönlichkeit von Michel Lacroix erwähnt. Ich habe sein letztes Werk, *L'idéologie du New Age,* aufmerksam gelesen und wieder gelesen. Meine Schlussfolgerung ist klipp und klar: Er hat keine Chance, aus dem von ihm aufgenommenen Kampf siegreich hervorzugehen. Er hat recht, wenn er sagt, dass das *New Age,* das seinen Ursprung in dem unerträglichen, von der sozialen Auflösung verursachten Leiden hat, das seit seinem Entstehen den neuen Kommunikationsmitteln fest verbunden ist, das wirksame Technologien des Wohlstands anbietet, unendlich mächtiger ist, als man es sich vorstellt. Das Denken des *New Age,* auch darin hat er recht, ist weit mehr als ein Remix früherer Quacksalbereien: Es war in der Tat das erste Denken, das aus den jüngsten Umwälzungen, die im wissenschaftlichen Denken stattgefunden hatten (das Studium globaler Systeme, deren Summe nicht auf ihre Bestandteile zurückzuführen ist; der Nachweis der Unteilbarkeit von Quanten), Kapital zu schlagen gedachte. Anstatt seine Angriffe auf diesem Boden zu führen (wo das Denken des New Age letztlich auf wackligen Füßen steht, denn die Umwälzungen, die stattgefunden haben, vertragen sich mit einem uneingeschränkten Positivismus genauso gut wie mit einer Ontologie à la Bohm), begnügt sich Michel Lacroix damit, berührende und abwechslungsreiche Klagen zu äußern, die bezeugen, dass er dem Denken der Andersartigkeit, dem Erbe der griechischen oder jüdisch-christlichen Kultur kindlich treu geblieben ist. Mit Argumenten solchen Schlags wird er keine Chance haben, dem Bulldozer des Holismus zu widerstehen.

Ich hätte es allerdings auch nicht besser gemacht. Das ist es, was mich stört: Ich fühle mich intellektuell außerstande, weiterzugehen. Ich habe jedoch die Intuition, dass die Poesie eine Rolle zu spielen haben wird, vielleicht in der Art eines chemischen Vorläufers. Die Poesie geht nicht nur dem Roman voraus; sie geht auch – und auf direktere Art – der Philosophie voraus. Wenn Plato die Dichter an den Toren seiner berühmten Stadt zurücklässt, dann deshalb, weil er sie nicht *mehr* braucht (und weil sie, zu nichts mehr nutze, umgehend gefährlich werden). Wenn ich Gedichte schreibe, dann im Grunde vor allem, um die Betonung auf einen monströsen und globalen Mangel zu legen (den man als Mangel an Affektion, an Sozialem, an Religion oder an Metaphysik definieren kann, und jeder dieser Ansätze wäre wahr). Ein anderer Grund mag sein, dass die Poesie die einzige Möglichkeit ist, diesen Mangel im Reinzustand, im Geburtszustand auszudrücken, jeden seiner komplementären Aspekte gleichzeitig auszudrücken. Der Grund mag sein, dass ich folgende winzige Botschaft hinterlassen möchte: »Jemand hat in den Neunzigerjahren des 20. Jahrhunderts deutlich die Entstehung eines monströsen und globalen Mangels verspürt; außerstande, das Phänomen klar zu umreißen, hat er uns jedoch – als Zeugnis seiner Inkompetenz – einige Gedichte hinterlassen.«

ANSÄTZE FÜR WIRRE ZEITEN

Die endgültige Version dieses Textes erschien in Dix *(Les Inrockuptibles/Grasset, 1997)*

»Ich kämpfe gegen Ideen, von denen ich nicht einmal sicher bin, dass sie existieren.« (Antoine Waechter)

Die Gegenwartsarchitektur als Beschleunigungsfaktor der Fortbewegung

Die breite Öffentlichkeit, das ist bekannt, mag keine zeitgenössische Kunst. Hinter dieser trivialen Feststellung verbergen sich in Wirklichkeit zwei gegensätzliche Haltungen. Wenn der Durchschnittspassant zufällig an einem Ort vorbeikommt, an dem zeitgenössische Gemälde oder Skulpturen ausgestellt sind, hält er vor den ausgestellten Werken an, vielleicht, um sich über sie lustig zu machen. Seine Haltung schwankt zwischen ironischer Belustigung und einem einfachen Grinsen; wie dem auch sei, er ist empfänglich für ein bestimmtes Maß an *Lächerlichkeit.* Gerade die Bedeutungslosigkeit des vor ihm Ausgestellten ist es, die ihm beruhigende Harmlosigkeit garantiert. Sicher, er hat *Zeit verloren,* aber auf eine im Grunde gar nicht so unangenehme Art.

Stellt man ihn dagegen in ein Gebäude zeitgenössischer Architektur, ist demselben Passanten weit weniger zum Lachen zumute. Sind die Voraussetzungen günstig (spät am Abend oder vor einem Hintergrund aus Polizeisirenen), wird man ein Phänomen beobachten, das deutlich von *Angst* gekennzeichnet ist, sowie eine Beschleunigung sämtlicher organischer Absonderungen. In jedem Fall kommt das aus Sehorganen und Bewegungsgliedmaßen zusammengesetzte Ganze erheblich auf Touren.

Das ist etwa der Fall, wenn ein von einem exotischen Schilderwald in die Irre geführter Touristenbus seine Ladung im Bankenviertel von Segovia oder im Handelszentrum von Barcelona absetzt. Die in ihr vertrautes Universum aus Stahl, Glas und Signalschildern getauchten Besucher finden augenblicklich zu ihrer schnellen Gangart und ihrem funktionalen und gelenkten Blick zurück, der der ihnen vorgesetzten Umgebung entspricht. Zwischen Piktogrammen und Textschildern vorrückend, erreichen sie schnellen Schrittes das Kirchenviertel, den historischen Stadtkern. Sofort verlangsamt sich ihr Schritt, bekommt die Bewegung ihrer Augen etwas Ungewisses, fast Umherirrendes. Ihren Gesichtern liest man eine gewisse stumpfsinnige Verblüffung ab (man denke an das Phänomen des offen stehenden Mundes, typisch für die Amerikaner). Offensichtlich spüren sie, dass sie sich in Gegenwart ungewohnter visueller Objekte befinden, die zu entziffern ihnen schwerfällt. Auf den Mauern tauchen jedoch bald Hinweisschilder auf. Dem Fremdenverkehrsamt ist zu verdanken, dass historisch-kulturelle Orientierungspunkte eingerichtet wurden. Unsere Reisenden können nun ihre Caméscopes herausholen, um die Erinnerung an ihre Reise in eine *gelenkte* kulturelle Wegstrecke einzuordnen.

Die zeitgenössische Architektur ist eine *bescheidene* Architektur; sie offenbart ihre autonome Präsenz, ihre Präsenz als Architektur, nur durch diskretes *Augenzwinkern* – im Allgemeinen durch winzige Botschaften, in denen sie für ihre eigenen Herstellungsverfahren wirbt (so ist es etwa üblich, die maschinelle Ausrüstung des Fahrstuhls sowie die Firma, die ihn konzipiert hat, gut sichtbar zu machen). Die zeitgenössische Architektur ist eine *funktionale* Architektur. Die sie betreffenden ästhetischen Fragen wurden längst von der Formel » Was funktional ist, ist zwangsläufig schön « aus der Welt geräumt. Eine erstaunliche Voreingenommenheit, der das Schauspiel der Natur permanent widerspricht; und was eher dazu einlädt, die Schönheit als eine Art *Revanche über den Verstand* anzusehen. Wenn natürliche Formen dem Auge gefallen, dann oft deshalb, weil sie keine Funktion haben, weil kein Kriterium von Effizienz wahrnehmbar ist. Sie pflanzen sich in Hülle und Fülle fort, offenbar angetrieben von einer inneren Kraft, die man als reine Lebenslust bezeichnen kann, als reine Lust, sich fortzupflanzen: eine Kraft, die in Wahrheit zwar wenig verständlich (es reicht aus, an den burlesken und ein wenig abstoßenden Einfallsreichtum der Tierwelt zu denken), dafür aber erdrückend augenscheinlich ist. Es ist wahr, dass bestimmte unbelebte Naturformen (Kristalle, Wolken, Wasserkreisläufe) einem thermodynamischen Optimalitätskriterium zu gehorchen scheinen. Aber gerade sie sind am komplexesten, am verzweigtesten. Sie erinnern keineswegs an die Funktionsweise einer rationalen Maschine, sondern eher an das chaotische Sprudeln eines *Prozesses.*

Insofern sie ihr eigentliches Optimum in der Herausbildung von so funktionalen Orten erlangt, dass diese darüber hinweg unsichtbar werden, ist die zeitgenössische Architektur eine *transparente* Architektur. Da es ihre Aufgabe ist, den zügigen Verkehr von Personen und Waren zu ermöglichen, neigt sie dazu, den Raum auf seine rein geometrische Dimension zu reduzieren. Dazu bestimmt, mit einer ununterbrochenen Abfolge textueller, visueller und illustrierter Botschaften bestückt zu werden, hat sie deren maximale Lesbarkeit zu gewährleisten (nur ein vollkommen transparenter Ort ist in der Lage, eine umfassende Weiterleitung von Informationen zu gewährleisten). Dem strengen Gesetz des Konsens unterworfen, beschränken sich die einzigen echten Botschaften, die sie sich herausnimmt, auf objektive Informationen. Der Inhalt jener immensen, die Autobahnen säumenden Straßenschilder etwa war Gegenstand einer gründlichen Vorstudie. Zahlreiche Umfragen wurden durchgeführt, um zu vermeiden, diese oder jene Benutzerkategorie vor den Kopf zu stoßen. Psychosoziologen sowie Spezialisten der Straßensicherheit wurden konsultiert: all das, um bei Hinweisschildern im Stil von »Auxerre« oder »Seenplatte« zu enden.

Der Bahnhof Montparnasse entfaltet eine transparente und geheimnislose Architektur, stellt die notwendige und ausreichende Entfernung zwischen den Videobildschirmen der Abfahrtszeiten und den elektronischen Reservierungsterminals her, schildert mit angemessener Redundanz die Abfahrts- und Ankunftsgleise durch Pfeile aus. So gestattet er dem durchschnittlich oder überdurchschnittlich intelligenten, westlichen Menschen die Erreichung seines Reiseziels, indem er Reibereien, Ungenauigkeiten und verlorene Zeit auf ein Mindestmaß reduziert. Noch allgemeiner gesagt, muss jede Form zeitgenössischer Architektur als eine ungeheure Vorrichtung zur Beschleunigung und Rationalisierung menschlicher Fortbewegung angesehen werden; so gesehen ist das System der Autobahnzubringer, das man in der Nachbarschaft von Fontainebleau-Melun Sud beobachten kann, ihr idealer Standort.

Auf die gleiche Weise kann das unter dem Namen La Défense bekannt gewordene architektonische Ensemble als eine rein produktive Vorrichtung angesehen werden, eine Vorrichtung, die die individuelle Produktivität erhöhen soll. Aber selbst wenn diese paranoide Vision örtlich zutrifft, ist sie nicht in der Lage, die Gleichförmigkeit zu reflektieren, mit der die Architektur auf die Unterschiedlichkeit sozialer Bedürfnisse (Supermärkte, Nachtklubs, Bürogebäude, Kultur- und Sportzentren) antwortet. Wir kommen hingegen weiter, wenn wir berücksichtigen, dass wir nicht nur in einer Marktwirtschaft, sondern allgemein gesagt in einer *Marktgesellschaft* leben; das heißt in einem Kulturraum, in dem sämtliche zwischenmenschliche Beziehungen und auch sämtliche Beziehungen des Menschen zu seiner Umwelt über ein Zahlenkalkül vermittelt werden, bei dem die Attraktivität, die Neuheit und das Preis-Leistungs-Verhältnis zum Tragen kommt. Bei dieser Logik, die sowohl die Erotik, das Liebes- und Berufsleben als auch das eigentliche Kaufverhalten überschattet, geht es darum, die Herstellung solcher Beziehungen zu erleichtern, die sich zügig erneuern lassen (zwischen Konsumenten und Waren, zwischen Angestellten und Unternehmen, zwischen Liebhabern), folglich eine konsumorientierte Durchlässigkeit zu fördern, die auf einer Ethik der Verantwortung, der Transparenz und der freien Wahl gründet.

Regale errichten

Die zeitgenössische Architektur stattet sich also implizit mit einem simplen Programm aus, das sich wie folgt zusammenfassen lässt: Sie *errichtet die Regale des sozialen Supermarktes.* Das gelingt ihr einerseits, indem sie der Ästhetik des Regals die absolute Treue hält, und andererseits, indem sie bevorzugt Materialien gebraucht, deren Granulometrie niedrig oder gleich null ist (Metall, Glas, plastische Materialien). Darüber hinaus macht der Gebrauch von reflektierenden oder transparenten Oberflächen die angemessene Vervielfachung von Warenständern möglich. In jedem Fall geht es darum, polymorphe, neutrale, austauschbare Räume zu schaffen. (Der gleiche Prozess ist übrigens in der Innenarchitektur zugange: In diesem ausgehenden Jahrhundert eine Wohnung einzurichten, bedeutet im Wesentlichen, die Wände einzureißen, um sie durch bewegliche Trennwände zu ersetzen – die in Wirklichkeit nur wenig verschoben werden, da es keinen Grund gibt, sie zu verschieben; Hauptsache ist jedoch, dass die Möglichkeit ihrer Verschiebung besteht, dass ein zusätzlicher Grad an Freiheit geschaffen wurde – und eingebaute Dekorationselemente zu entfernen: Die Wände sind weiß, die Möbel durchscheinend.) Es geht darum, neutrale Räume zu schaffen, in denen sich die Botschaften in Form von Information oder Werbung, die vom Sozialkörper ausgegeben werden und aus denen er sich übrigens zusammensetzt, ungehindert ausbreiten können. Denn was produzieren die Angestellten und Kader, die in La Défense zusammengefasst sind? Genau genommen gar nichts. Der materielle Produktionsprozess ist für sie sogar völlig undurchschaubar. Ihnen werden digitale Informationen über die Dinge der Welt zugestellt. Diese Informationen sind der Rohstoff von Statistiken, von Berechnungen; es werden Modelle erarbeitet, Entscheidungsschemata erstellt; am Ende der Kette werden Entscheidungen getroffen, neue Informationen in den Sozialkörper gepumpt. Auf diese Weise wird die sinnliche Welt durch ihr digitales Bild ersetzt. Das Wesen der Dinge wird verdrängt vom Schaubild ihrer Variationen. Die modernen Orte, vielseitig nutzbar und neutral, passen sich der unendlichen Anzahl von Botschaften an, denen sie als Träger dienen müssen. Sie können es sich nicht leisten, eine eigene Botschaft auszugeben, eine besondere Stimmung heraufzubeschwören; so können sie weder schön noch poetisch noch allgemein gesprochen in irgendeiner Weise eigentümlich sein. Jeden individuellen und anhaltenden Charakters beraubt – und nur unter dieser Bedingung –, sind sie jetzt bereit, das unendliche Pulsieren des Vergänglichen in sich aufzunehmen.

Die modernen Angestellten – mobil, offen für Veränderung und verfügbar – leiden unter einer ähnlichen Entindividualisierung. Die Techniken zum Erlernen der Veränderung, wie sie von den Workshops des *New Age* in Umlauf gebracht wurden, setzen sich zum Ziel, Individuen zu schaffen, die sich unendlich versetzen lassen, die jeder intellektuellen oder emotionalen Starrheit entledigt sind. Von den Einengungen befreit, wie sie Zugehörigkeitsgefühl, Treue oder ein streng kodiertes Verhalten bedeuteten, ist das moderne Individuum somit bereit, in einem System verallgemeinerter Transaktionen Platz zu nehmen, in dem es möglich geworden ist, ihm auf eindeutige, unzweideutige Weise einen *Tauschwert* zuzuweisen.

Die Rechnungen vereinfachen

Die zunehmende, in den Vereinigten Staaten bereits weit fortgeschrittene Numerisierung mikrosoziologischer Funktionen wies in Westeuropa erheblichen Rückstand auf, wie es beispielsweise die Romane Marcel Prousts bezeugen. Es brauchte mehrere Jahrzehnte, um die verschiedenen Berufssparten vollständig ihrer Symbolik zu entledigen, wobei es keine Rolle spielte, ob diese Symbolik Anerkennung (Kirche, Schule) oder Geringschätzung (Werbung, Prostitution) zum Ausdruck brachte. In der Folge dieses Läuterungsprozesses wurde es möglich, zwischen den sozialen Stellungen auf der Grundlage von zwei einfachen Kriterien, zwei Ziffern, eine präzise Hierarchie zu erstellen: Jahreseinkommen und Zahl der Arbeitsstunden.

Auch was das Liebesleben betrifft, waren die Parameter des sexuellen Austauschs lange Zeit dem System einer lyrischen, impressionistischen, unzuverlässigen Beschreibung verpflichtet. Auch hier waren es die USA, die den ersten ernsthaften Versuch unternahmen, Standards zu definieren. Dieser Versuch, gestützt auf einfache und objektiv überprüfbare Kriterien (Alter, Größe, Gewicht, Taille, Hüft- und Brustumfang bei der Frau; Alter, Größe, Gewicht, Umfang des erigierten Gliedes beim Mann), wurde zunächst durch die Pornoindustrie unters Volk gebracht und dabei bald von der Frauenpresse abgelöst. Während die vereinfachte ökonomische Hierarchie lange Zeit auf sporadischen Widerstand stieß (Bewegungen zugunsten »sozialer Gerechtigkeit«), wurde die als natürlicher empfundene erotische Hierarchie bemerkenswert schnell verinnerlicht und war von vornherein Gegenstand eines breiten Konsens.

Der westliche Mensch – zumindest der junge –, nun in der Lage, sich mithilfe einer Kurzsammlung numerischer Parameter selbst zu definieren, befreit vom Nachdenken über das Dasein, das seine geistige Beweglichkeit lange Zeit beeinträchtigt hatte, war nun imstande, sich den technologischen Umwälzungen anzupassen, die seine Gesellschaft ergriff; Umwälzungen, die in ihrem Gefolge umfassende ökonomische, psychologische und soziale Veränderungen nach sich zogen.

Eine kurze Geschichte der Information

Gegen Ende des Zweiten Weltkrieges machten die Simulation der Flugbahnen von Mittel- und Langstreckenraketen und die Modelldarstellungen von Atomkernspaltungen den Bedarf an leistungsfähigeren algorithmischen und digitalen Rechenanlagen spürbar. Den theoretischen Arbeiten John von Neumanns ist es teilweise zu verdanken, dass die ersten Computer das Licht der Welt erblickten.

Zu jener Zeit zeichnete sich die Büroarbeit durch eine Standardisierung und Rationalisierung aus, die weniger fortgeschritten war als jene, die in der Industrieproduktion überwog. Die Verwendung der ersten Computer für Verwaltungsaufgaben hatte das sofortige Verschwinden jeglicher Freiheit und Flexibilität bei der Umsetzung von Arbeitsverfahren – kurz, die brutale Proletarisierung der Angestelltenschicht – zur Folge.

Mit einem Verzug, der komisch anmutet, sah sich die europäische Literatur in denselben Jahren mit einem neuen Werkzeug konfrontiert: der *Schreibmaschine.* Die unbegrenzte und vielfältige Arbeit am Manuskript (mit seinen Ergänzungen, seinen Querverweisen, seinen Randbemerkungen) verschwand zugunsten eines geradlinigeren und einförmigeren Stils. Im Grunde fand eine Gleichschaltung mit den Normen des Kriminalromans und des amerikanischen Journalismus statt (man denke an die Entstehung des Mythos Underwood oder an den Erfolg von Hemingway). Das verminderte Ansehen der Literatur führte zahlreiche junge, über »kreatives« Temperament verfügende Autoren dazu, die aussichtsreicheren Richtungen des Kinos und des Chansons einzuschlagen (Richtungen, die letztlich in eine Sackgasse mündeten, denn die amerikanische Unterhaltungsindustrie sollte wenig später mit der Zerstörung der lokalen Unterhaltungsindustrien beginnen – eine Arbeit, die, wie wir sehen, heute ihrem Ende entgegengeht).

Das plötzliche Auftreten des PC zu Beginn der Achtzigerjahre kann man als eine Art historischen Zufall ansehen. Sein Auftreten ist in der Tat unerklärlich, da ihm, abgesehen von Erwägungen wie etwa den Fortschritten in der Regulierung von Schwachstrom und der Herstellung von Siliciumchips, keinerlei ökonomische Notwendigkeit zugrunde liegt. Völlig unerwartet kamen die Büroangestellten und mittleren Kader in den Besitz eines leistungsfähigen, benutzerfreundlichen Werkzeugs, das es ihnen – de facto, wenn nicht von Rechts wegen – ermöglichte, die Kontrolle über die wichtigsten Bestandteile ihrer Arbeit wiederzuerlangen. Ein stummer, nur wenig bekannter Kampf spielte sich mehrere Jahre lang zwischen den Leitungen der Informatikabteilungen und den »Benutzern an der Basis« ab, denen mitunter leidenschaftliche Informatiker zur Seite standen. Am erstaunlichsten ist, dass die Führungsgremien – denen die Kosten und die mangelnde Effizienz der Großrechner bewusst wurden, während die Serienproduktion die Herstellung von zuverlässigem und preiswertem Büromaterial und von Bürosoftware ermöglichte – nach und nach ins Feld der Mikroinformatik umschwenkten.

Für den Schriftsteller war der PC eine unverhoffte Befreiung: Selbst wenn man nicht wirklich die Flexibilität und die Annehmlichkeiten eines Manuskriptes wiederfand, wurde es immerhin wieder möglich, sich einer ernsthaften Textarbeit zu widmen. Verschiedene Anzeichen ließen in jenen Jahren darauf schließen, dass die Literatur einen Teil ihres früheren Prestiges wiedererlangen würde – weniger übrigens durch eigenen Verdienst als durch die Selbstauslöschung ihrer Rivalen. Rock und Kino, der kolossalen Gleichmacherei des Fernsehens unterworfen, verloren nach und nach ihren Zauber. Die früheren Unterscheidungen zwischen Film, Clip, Nachrichtensendung, Werbung, Augenzeugenbericht und Reportage verschwanden tendenziell zugunsten eines verallgemeinerten Spektakels.

Bereits Anfang der Neunzigerjahre machten die Einführung von Glasfasern und das Industrieabkommen über das TCP-IP-Protokoll die Einrichtung von Computernetzen innerhalb eines Unternehmens, dann auch zwischen Unternehmen möglich. Der PC, nun erneut zum simplen Arbeitsplatz innerhalb von betriebssicheren Client-Server-Systemen verkommen, verlor völlig seine Kapazität, Texte autonom zu verarbeiten. In Wirklichkeit wurden die Arbeitsverfahren innerhalb mobilerer, quer geschalteter, effizienterer Informationsverarbeitungssysteme standardisiert.

Die in den Unternehmen allgegenwärtigen PCs waren im Einzelhandel aus Gründen, die seither klar analysiert worden sind (hoher Preis, kein wirklicher Nutzen, Schwierigkeiten bei der Bedienung in liegender Position), gescheitert. Die späten Neunziger sahen die Entstehung der ersten Netzcomputer; diese Computer, die weder über eine Festplatte noch über ein Betriebssystem verfügten und deren Herstellungskosten folglich äußerst niedrig waren, wurden entwickelt, um den Zugang zu den riesigen Datenbanken zu ermöglichen, die die amerikanische Unterhaltungsindustrie eingerichtet hatte. Mit einer (offiziell zumindest) abgesicherten, ästhetisch ansprechenden und leicht zu handhabenden Vorrichtung zum Onlinepayment per Kreditkarte sollten sie schnell zur Norm werden und dabei sowohl Handy, Minitel als auch die Fernbedienung der klassischen Fernsehapparate ersetzen.

Völlig unerwartet sollte das Buch einen lebhaften Pol des Widerstands bilden. Versuche wurden unternommen, Onlineversionen von Büchern ins Internet zu speisen; ihr Erfolg blieb bescheiden, beschränkte sich auf Lexika und Nachschlagewerke. Einige Jahre später musste sich die Industrie eingestehen, dass der praktischere, attraktivere und leichter zu handhabende Gegenstand »Buch« die Gunst des Publikums behielt. Jedes gekaufte Buch aber wurde ein gefährliches Instrument geistigen Abschaltens. In der Vergangenheit war es der Literatur in der intimen Chemie des Gehirns oft möglich gewesen, das Reale in den Hintergrund zu drängen. Sie hatte von virtuellen Sphären nichts zu befürchten. Damit begann eine paradoxe, bis heute andauernde Zeit, in der weltweite Unterhaltung und weltweiter Austausch – bei denen die artikulierte Sprache einen reduzierten Platz einnahm – einherging mit einer Verstärkung der Landessprachen und der lokalen Kulturen.

Das Aufkommen der Ermüdung

In politischer Hinsicht hatte die Opposition gegen den weltweiten Liberalismus weit früher eingesetzt. Ihren Gründungsakt erfuhr sie in Frankreich 1992, mit der Kampagne gegen das Referendum über das Abkommen von Maastricht. Diese Kampagne schöpfte ihre Kraft weniger aus dem Bezug auf eine nationale Identität oder einen republikanischen Patriotismus – beide waren 1916 bis 1917 im Gemetzel von Verdun verschwunden – als aus einer echten, allgemeinen Ermüdung, einem ganz einfachen Gefühl der Ablehnung. Wie alle Historizismen vor ihm spielte der Liberalismus die Karte der Einschüchterung, indem er sich als unausweichliche historische Zukunft darstellte. Wie alle Historizismen vor ihm gab sich der Liberalismus – im Namen einer langfristigen Vision von der *historischen Entwicklung der Menschheit* – als Höhepunkt und Überbietung des *einfachen ethischen Gefühls* aus. Wie alle Historizismen vor ihm versprach der Liberalismus für die nächste Zeit Anstrengung und Leid und verwies den Beginn des allgemeinen Wohlstands auf ein oder zwei Generationen später. Diese Denkweise hatte das ganze 20. Jahrhundert über schon genügend Schaden angerichtet.

Die von den Historizismen regelmäßig vorgenommene Entstellung des Fortschrittskonzepts sollte leider das Entstehen *burlesker Denkformen* begünstigen, wie sie für wirre Zeiten typisch sind. Oft von Heraklit oder Nietzsche angeregt, den mittleren und besseren Einkommensklassen bestens angepasst und von einer mitunter gefälligen Ästhetik, schienen sie sich insofern zu bestätigen, als sich in den weniger begünstigten Schichten komplizierte, unberechenbare und gewalttätige Identitätsreflexe ausbreiteten. Tatsächlich führten bestimmte Aussagen der mathematischen Theorie der Störfunktionen immer häufiger dazu, dass man die Menschheitsgeschichte in Form eines chaotischen Systems darstellte, in dem Futurologen und medienwirksame Denker alle Kräfte aufboten, um eine oder mehrere *seltsame Anziehungskräfte* nachzuweisen. Obwohl diese Analyse jeder methodologischen Grundlage entbehrte, sollte sie bei den gebildeten oder halb gebildeten Schichten an Boden gewinnen und damit die Herausbildung einer neuen Ontologie dauerhaft verhindern.

Die Welt als Supermarkt und Hohn

Arthur Schopenhauer glaubte nicht an die Geschichte. Er starb in der Überzeugung, dass die Offenbarung, die er über die Welt gebracht hatte – die Welt als Wille einerseits (als Verlangen, als Lebensschwung) und als (in sich neutrale, unschuldige, rein objektive und als solche für die ästhetische Nachbildung geeignete) Vorstellung andererseits –, die nachfolgenden Generationen überleben würde. Heute kann man sagen, dass er zum Teil unrecht hatte. Die von ihm erarbeiteten Konzepte sind im Muster unserer Lebensläufe noch erkennbar. Sie haben jedoch derartige Metamorphosen durchlaufen, dass man sich fragen kann, ob sie noch Gültigkeit besitzen.

Das Wort »Wille« scheint auf einen andauernden Zustand der Anspannung hinzuweisen, auf ein stetiges, bewusstes oder unbewusstes, aber sinnvolles Streben nach einem Ziel. Gewiss: Noch bauen die Vögel Nester, noch kämpfen die Hirsche um die Weibchen; und in Schopenhauers Sinne lässt sich durchaus sagen, dass es der gleiche Hirsch ist, der kämpft, und die gleiche Larve, die wühlt, seit sie das Licht der Welt erblickten. Mit dem Menschen verhält es sich völlig anders. Die Logik des Supermarktes führt zwangsläufig zu einer Streuung des Verlangens. Der Mensch des Supermarktes kann organisch gesehen nicht der Mensch eines einzigen Willens, eines einzigen Verlangens sein. Das erklärt, weshalb das Wollen beim zeitgenössischen Menschen einen gewissen Tiefstand erleidet. Nicht, dass der Einzelne weniger verlangen würde. Im Gegenteil, er verlangt mehr und mehr, nur hat sein Verlangen etwas Aufreißerisches und Kreischendes bekommen: Zwar ist es kein reines Trugbild, dafür aber zum großen Teil das Produkt äußerer Determinierungen, sagen wir Determinierungen der *Werbung* im weitesten Sinne. Nichts in ihnen erinnert an die organische, totale, hartnäckig auf ihre Vollendung ausgerichtete Kraft, die das Wort »Wille« suggeriert – daher der gewisse Mangel an Persönlichkeit, der sich bei jedem beobachten lässt.

Die vom Sinn schwer infizierte Vorstellung hat jede Unschuld verloren. Man kann eine Vorstellung dann als *unschuldig* bezeichnen, wenn sie sich einfach als solche ausgibt, wenn sie lediglich vorgibt, das Abbild einer äußeren (realen oder imaginären, aber äußerlichen) Welt zu sein; mit anderen Worten, wenn sie nicht ihren eigenen kritischen Kommentar einschließt. Die massive Einführung in Vorstellun-

gen von *Verweisen,* von Hohn, von *übertragener Bedeutung*
oder von Humor hat Kunst und Philosophie insofern unter-
laufen, als sie sie in eine verallgemeinerte Rhetorik verwandelt hat. So wie jede Wissenschaft ist auch jede Kunstform
ein Mittel zwischenmenschlicher Kommunikation. Es ist
klar, dass die Wirksamkeit und die Intensität der Kommunikation in dem Moment abnehmen und zur Aufhebung
neigen, in dem Zweifel einsetzen an der Wahrhaftigkeit des
Gesagten, an der Aufrichtigkeit des zum Ausdruck Gebrach-
ten. (Kann man sich etwa eine Wissenschaft *in übertragener
Bedeutung* vorstellen?) Die tendenziell zerbröckelnde Kreativität in den Künsten ist deshalb nur eine andere Facette der
ganz und gar zeitgenössischen Unmöglichkeit des *Gesprächs.*
Ein gewöhnliches Gespräch verläuft in der Regel so, als sei
der unmittelbare Ausdruck eines Gefühls, einer Gemütsbe-
wegung, einer Idee unmöglich – weil zu vulgär – geworden.
Alles muss den verzerrenden Filter des *Humors* durchlaufen, eines Humors, der sich zum Schluss natürlich im Kreise
dreht und sich in ein tragisches Schweigen verwandelt. Das
zeichnet sowohl die Geschichte der berühmten »Unkom-
munizierbarkeit« aus (es ist bemerkenswert, dass die wiederholte Ausschlachtung dieses Themas in keiner Weise verhin-
dert hat, dass diese sich in der Praxis ausweitet und aktueller
ist als je zuvor, selbst wenn man es ein wenig müde geworden
ist, darüber zu sprechen) als auch die tragische Geschichte
der Malerei des 20. Jahrhunderts. Die Entwicklung der Malerei veranschaulicht so – zugegeben weniger im direkten Ansatz als in der Analogie der Atmosphäre – die Entwicklung
der zwischenmenschlichen Kommunikation in unserer Zeit.
In beiden Fällen gleiten wir in eine ungesunde, betrügerische,

zutiefst höhnische und in ihrem Hohn am Ende gar tragische Atmosphäre ab. So darf der Durchschnittspassant, der eine Gemäldegalerie durchquert, sich nicht lange aufhalten, will er seine ironisch distanzierte Haltung bewahren. Wider Willen befällt ihn nach wenigen Minuten Verwirrung oder zumindest Benommenheit, Unbehagen; er spürt eine beunruhigende Verlangsamung seiner humoristischen Funktion.

(Das Tragische tritt genau dann auf den Plan, wenn man den Hohn nicht mehr für *fun* halten kann. Es ist eine Art brutaler psychologischer Umkehrung, die den unnachgiebigen Wunsch nach Ewigkeit beim Individuum sichtbar macht. Die Werbung kann diesem, sich ihrem Ziel entgegensetzenden Phänomen nur durch die unaufhörliche Erneuerung ihrer Trugbilder ausweichen. Die Bestimmung der Malerei liegt jedoch weiterhin in der Schaffung beständiger Dinge, die zudem über einen eigenen Charakter verfügen sollen. Diese Sehnsucht nach dem Sein ist es, die ihr ihren traurigen Glanz verleiht und die aus ihr wohl oder übel einen getreuen Spiegel der geistigen Situation des westlichen Menschen macht.)

In bemerkenswertem Kontrast dazu steht das relative Wohlbefinden der Literatur im gleichen Zeitraum. Es ist leicht zu erklären. Die Literatur ist eine von Grund auf konzeptuelle Kunst. Sie ist genau genommen sogar die einzige. Worte sind Konzepte, Klischees sind Konzepte. Nichts kann ohne die Zuhilfenahme von Konzepten und Worten bejaht, verleugnet, relativiert oder verspottet werden. Das erklärt die erstaunliche Robustheit der Literatur, die sich verweigern, sich selbst vernichten, ihre Unmöglichkeit dekretieren kann, ohne dass sie deswegen aufhören würde, sie selbst zu sein. Die jeder »Mise en abyme«[2], jeder Dekonstruktion, jeder Anhäufung auch noch so subtiler übertragener Bedeutungen widersteht; die einfach wieder aufsteht, sich schüttelt und auf die Beine kommt, wie ein Hund, der aus einer Pfütze steigt.

Im Gegensatz zur Musik, im Gegensatz zur Malerei, im Gegensatz auch zum Film kann die Literatur auf diese Weise unendliche Mengen von Hohn und Humor in sich aufnehmen und verarbeiten. Die Gefahren, die sie heute bedrohen, haben nichts mit denen zu tun, welche die anderen Künste bedroht, ja, mitunter zerstört haben. Sie liegen vielmehr in der Beschleunigung der Wahrnehmungen und Sinneseindrücke, die die Logik des Supermarktes kennzeichnet. Ein Buch kann man in Wirklichkeit nur *langsam* schätzen lernen. Es beinhaltet ein Nachdenken (gar nicht im Sinne einer intellektuellen Anstrengung, sondern im Sinne *der Möglichkeit, auf etwas zurückzukommen*). Es gibt keine Lektüre ohne Anhalten, ohne Rückwärtsbewegung, ohne Wiederlesen – was unmöglich, ja, absurd ist in einer Welt, in der sich alles verändert, alles fluktuiert, in der nichts – weder die Vorschriften noch die Dinge noch die Lebewesen – anhaltende Gültigkeit hat. Die Literatur stellt sich mit ihrer ganzen (ehemals großen) Kraft dem Begriff des ständig Aktuellen, des ewig Präsenten entgegen. Die Bücher verlangen nach Lesern. Diese Leser aber müssen ein individuelles und stabiles Leben aufweisen: Sie dürfen nicht nur Konsumenten sein, nicht nur Phantome. Sie müssen gewissermaßen auch *Subjekte* sein.

Der westliche Leser, aufgerieben von der feigen Besessenheit des »*politically correct*«, geblendet von einer Flut von Pseudo-Informationen, die ihm die Illusion einer ständigen Veränderung des Verständnisses von Existenz vermitteln (man *kann nicht mehr* denken, was vor zehn, hundert oder tausend Jahren gedacht wurde), vermag es nicht mehr, Leser zu sein; er vermag es nicht mehr, der bescheidenen Bitte eines vor ihm liegenden Buches nachzukommen: lediglich ein Mensch zu sein, der selbstständig denkt und empfindet.

Umso weniger kann er diese Rolle einem anderen Menschen gegenüber spielen. Obwohl es nottäte: Denn diese Auflösung des Menschen ist eine tragische Auflösung. Jeder, angetrieben von einer schmerzlichen Sehnsucht, verlangt vom anderen weiterhin das, was er nicht mehr sein kann, setzt wie ein irregeführter Geist die Suche nach dem Gewicht des Seins fort, das er in sich selbst nicht mehr findet. Nach Beständigkeit, nach Dauerhaftigkeit, nach Tiefe. Jeder scheitert natürlich, und die Einsamkeit ist schrecklich.

Der Tod Gottes in der westlichen Welt war das erste Anzeichen für einen gewaltigen metaphysischen Fortsetzungsroman, der bis heute seinen Fortgang nimmt. Jeder Historiker der Geistesgeschichte wäre in der Lage, dessen einzelne Etappen zu rekonstituieren. Sagen wir, um es kurz zu fassen, dass dem Christentum das *Meisterstück* gelungen war, den ungezähmten Glauben an das Individuum – im Verhältnis zu den Briefen des heiligen Paulus erscheint uns die gesamte antike Kultur heute merkwürdig zivilisiert und eintönig – mit dem Versprechen einer ewigen Teilnahme am Göttlichen zu kombinieren. Als dieser Traum ausgeträumt war, versprach man dem Einzelnen in diversen Versuchen ein Minimum an Sein, um den Traum vom Sein, den er in sich trug, mit der quälenden Allgegenwart des Werdenden auszusöhnen. Diese Versuche sind bis heute alle gescheitert, und das Unheil hat sich weiter ausgebreitet.

Die Werbung bildet den vorläufig letzten dieser Versuche. Obwohl sie anstrebt, das Begehren hervorzurufen, zu provozieren, das Begehren zu *sein,* sind ihre Methoden im Grunde denen recht ähnlich, die die frühere Moral kennzeichneten. Sie setzt ein erschreckendes, hartherziges Über-Ich ein, das weit unerbittlicher ist als jedes Pflichtgebot, das jemals existiert hat. Es klebt sich an die Haut des Individuums und wiederholt ihm unaufhörlich: »Du musst begehren. Du musst begehrenswert sein. Du musst am Wettkampf teilhaben, am Kampf, am Leben der Welt. Wenn du aufhörst, existierst du nicht mehr. Wenn du zurückbleibst, bist du tot.« Die Werbung, die jedes Konzept von Ewigkeit in Abrede stellt, die sich selbst als Prozess einer ständigen Erneuerung definiert, strebt die Zerstörung des Subjekts an, um es in ein höriges Phantom des Werdenden zu verwandeln. Und diese oberflächliche, seichte Beteiligung am Leben der Welt soll das Begehren nach dem Sein ersetzen.

Die Werbung scheitert, die Depressionen werden zahlreicher, die Verwirrung nimmt zu. Die Werbung baut trotzdem an den Infrastrukturen weiter, mit deren Hilfe ihre Botschaften empfangen werden. Sie arbeitet weiter an der Vervollkommnung der Fortbewegungsmittel für Menschen, die keinen Ort haben, an den sie fahren könnten, weil sie keinen Ort haben, an dem sie zu Hause sind. Sie arbeitet weiter an der Entwicklung von Kommunikationsmitteln für Menschen, die sich nichts mehr zu sagen haben. Sie arbeitet weiter an der Erleichterung von Interaktionen zwischen Menschen, die keine Lust mehr haben, mit wem auch immer in Verbindung zu treten.

Die Poesie der angehaltenen Bewegung

Im Mai 1968 war ich zehn Jahre alt. Ich spielte mit Murmeln, ich las *Pif, der Hund,* das Leben war schön. An die »Ereignisse des Mai 68« habe ich eine einzige, jedoch sehr lebhafte Erinnerung. Mein Cousin Jean-Pierre war damals in der zwölften Klasse des Gymnasiums von Raincy. Das Gymnasium erschien mir (die Erfahrung, die ich später mit ihm machte, sollte diese erste Ahnung, zu der sich eine schmerzliche sexuelle Dimension gesellte, im Übrigen bestätigen) als ein weiträumiger und schrecklicher Ort, an dem ältere Jungen versessen schwierige Fächer studierten, um sich ihre berufliche Zukunft zu sichern. An einem Freitag begab ich mich, ich weiß nicht mehr, weshalb, mit meiner Tante dorthin, um meinen Cousin nach dem Unterricht von der Schule abzuholen. Am selben Tag hatte am Gymnasium von Raincy ein unbefristeter Streik begonnen. Der Schulhof, von dem ich dachte, er sei mit Hunderten geschäftiger Jugendlicher gefüllt, war menschenleer. Einige Lehrer streiften ziellos zwischen den Pfosten der Handballtore umher. Ich erinnere mich, dass auch ich minutenlang auf diesem Hof umherlief, während meine Tante versuchte, irgendwelche Informationen aufzutreiben. Es herrschte totaler Frieden, absolute Stille. Es war ein wunderbarer Augenblick.

Im Dezember 1986 befand ich mich auf dem Bahnhof von Avignon, das Wetter war mild. Aufgrund gefühlsmäßiger Schwierigkeiten, deren Wiedergabe hier langwierig wäre, musste ich – zumindest glaubte ich das – unbedingt den TGV nach Paris nehmen. Ich wusste nicht, dass auf dem gesamten Netz der französischen Eisenbahn gerade ein Streik ausgebrochen war. Auf diese Weise wurde die funktionsgemäße  Abfolge: Austausch von Sex, Abenteuer und Überdruss mit einem Schlag unterbrochen. Ich verbrachte zwei Stunden auf einer Bank, wo ich einer verödeten Landschaft von Eisenbahnen gegenübersaß. Die Waggons des TGV standen unbeweglich auf den Abstellgleisen. Man hätte meinen können, sie stünden dort seit Jahren, ja, sie seien nie gerollt. Sie standen einfach da, reglos. Die Reisenden flüsterten sich mit leiser Stimme Auskünfte zu. Die Stimmung neigte zur Resignation, zur Ungewissheit. Es hätte sich um einen Krieg handeln können oder um das Ende der westlichen Welt.

Bestimmte Zeugen, die die »Ereignisse von 1968« unmittelbar miterlebt hatten, erzählten mir später, es habe sich um eine wunderbare Zeit gehandelt, in der sich die Leute auf der Straße ansprachen, in der alles möglich schien. Ich möchte es gern glauben. Andere geben lediglich zu bedenken, dass keine Züge mehr fuhren, dass kein Benzin mehr aufzutreiben war. Ich stimme dem bedenkenlos zu. Ich finde, diese Zeugnisse haben alle einen gemeinsamen Zug: Für einige Tage hörte eine riesige und bedrückende Maschine auf magische Weise auf, sich zu drehen. Es herrschte Unschlüssigkeit, Ungewissheit; ein Schwebezustand trat ein, im Land breitete sich eine gewisse Ruhe aus. Natürlich fing die Sozialmaschine dann wieder an, sich zu drehen – noch schneller, noch unerbittlicher (der Mai 68 hat nur dazu gedient, mit den wenigen moralischen Regeln zu brechen, die ihrem gefräßigen Lauf bis dahin noch im Wege standen). Nichtsdestotrotz gab es einen Augenblick des Stillstands, des Zögerns, einen Augenblick metaphysischer Ungewissheit.

Aus wahrscheinlich den gleichen Gründen ist die Reaktion

des Publikums angesichts eines plötzlichen Stillstands der Informationsübertragungsnetze, wenn es den ersten Anflug von Ärger erst einmal überwunden hat, alles andere als völlig negativ. Dieses Phänomen lässt sich jedes Mal beobachten, wenn ein elektronisches Reservierungssystem eine Panne hat (ein recht häufig eintretender Fall): Sobald der Missstand zugegeben wurde und vor allem sobald sich die Angestellten entschließen, ihr Telefon zu benutzen, kommt bei den Benutzern heimliche Freude auf; als gäbe ihnen das Schicksal die Gelegenheit, sich heimtückisch an der Technologie zu rächen. Genauso reicht es aus – will man wissen, was die Öffentlichkeit im Grunde von der Architektur hält, in der man sie zu leben zwingt –, ihre Reaktionen zu beobachten, wenn man sich entschließt, einen jener in den Sechzigerjahren in der Banlieue errichteten Blöcke in die Luft zu jagen: ein Augenblick sehr reiner und sehr gewaltiger Freude, der Trunkenheit einer unerhofften Befreiung gleich. Der Geist, der diese Orte bewohnt, ist übel, unmenschlich, feindselig. Es ist der Geist eines ermüdenden, grausamen, sich ständig beschleunigenden Getriebes. Jeder spürt es im Grunde und wünscht seine Zerstörung.

Die Literatur wird mit allem fertig, passt sich an alles an, wühlt im Abfall, leckt an den Wunden des Unglücks. Eine widersprüchliche Poesie, eine Poesie der Angst und Bedrückung konnte derart inmitten von Supermärkten und Bürogebäuden entstehen. Die moderne Poesie ist nicht fröhlich; sie kann es nicht sein. Die moderne Poesie ist nicht mehr dazu berufen, ein hypothetisches »Heim des Seins« zu errichten, als die moderne Architektur dazu, bewohnbare Orte zu errichten. Das wäre eine Aufgabe, die sich von derjenigen, die Infrastrukturen des Umlaufs und der Verarbeitung von Daten zu vervielfachen, grundlegend unterscheidet. Die Daten, Rückstände des Unbeständigen, sind der Bedeutung entgegengesetzt wie das Plasma dem Kristall. Eine Gesellschaft, die die Stufe der Überhitzung erreicht hat, fällt nicht zwangsläufig in sich zusammen, sondern erweist sich als außerstande, einen Sinn zu produzieren, da ihre gesamte Energie von der informativen Beschreibung ihrer Zufallsvariationen in Anspruch genommen wird. Dennoch ist jedes Individuum in der Lage, in sich selbst eine Art *kalte Revolution* zu verursachen, indem es einen Augenblick die Flut informativer Werbung an sich vorbeiziehen lässt. Das ist sehr leicht zu bewerkstelligen. Es ist sogar noch nie so einfach wie heute gewesen, der Welt gegenüber eine *ästhetische Haltung* einzunehmen: Es reicht aus, einen Schritt zur Seite zu treten. Und selbst dieser Schritt ist letztlich überflüssig. Es reicht aus, eine Ruhepause einzulegen, das Radio auszustellen, den Fernseher auszumachen; nichts mehr zu kaufen, nichts mehr kaufen zu wollen. Es reicht aus, nicht mehr mitzumachen, nichts mehr zu wissen, jede geistige Tätigkeit vorübergehend einzustellen. Es reicht im wahrsten Sinne des Wortes aus, für einige Sekunden reglos zu werden.

DIE KUNST ALS ENTHÄUTUNG

Dieser Text erschien in der Rubrik »Das Spiralheft« der Zeitschrift Les Inrockuptibles *(Nummer 5, 1995).*

Montag, Kunsthochschule Caen. Man hat mich gebeten zu erklären, weshalb mir die Güte wichtiger erscheint als die Intelligenz oder die Begabung. Ich gab mein Bestes, ich hatte Mühe, aber ich weiß, dass es wahr ist. Danach besuchte ich das Atelier von Rachel Poignant, die für ihre Arbeit Abgüsse verschiedener Teile ihres Körpers verwendet. Ich blieb vor langen Riemen stehen, die überzogen waren mit Abgüssen einer ihrer Brustwarzen. (Die rechte? Die linke? Ich weiß nicht mehr.) Ihre gummiartige Konsistenz, ihr Aussehen erinnerten offen gesagt an die Fangarme einer Krake. Ich habe trotzdem gut geschlafen.

Mittwoch, Kunsthochschule Avignon, »Tag des Misserfolgs«, organisiert von Arnaud Labelle-Rojoux. Ich sollte vom sexuellen Misserfolg sprechen. Die Dinge begannen fast fröhlich mit einer Vorführung von Kurzfilmen, die man unter dem Titel *Filme ohne Eigenschaften* zusammengefasst hatte. Die einen waren lustig, die anderen seltsam, manchmal waren sie beides. (Ich glaube, die Kassette läuft in mehreren Kunstzentren, es wäre schade, sie zu verpassen.) Dann sah ich ein Video von Jacques Lizène. Die sexuelle Misere quälte ihn. Sein Glied ragte aus einem Loch hervor, das in eine Sperrholzplatte geschnitten worden war. Es war in eine lose Schlinge gesperrt, die sich mittels eines Bindfadens bedienen ließ. Er zog lange daran, ruckartig, wie an einer weichen Marionette. Mir war sehr unbehaglich zumute. Die Atmosphäre des Verfalls, des traurigen Misslingens, welche der Gegenwartskunst anhaftet, bleibt einem schließlich im Halse stecken. Man bedauert Joseph Beuys mit seinen von Großzügigkeit zeugenden Arbeiten. Nichtsdestotrotz ist das Zeugnis, das hier über unsere Zeit abgelegt wird, von fast unerträglicher Präzision. Den ganzen Abend dachte ich darüber nach, ohne um folgende Feststellung herumzukommen: Die Gegenwartskunst deprimiert mich zwar, aber mir ist klar, dass sie der bei Weitem beste Kommentar jüngeren Datums zur Lage der Dinge ist. Ich träumte von Mülltüten, aus denen Kaffeefilter, Obst- und Gemüseschalen, Fleisch mit Soße quollen. Ich dachte an die Kunst als an eine Enthäutung, an die Fleischstücke, die an der Haut kleben bleiben.

Samstag, literarisches Treffen im Norden der Vendée. Einige »rechtsregionale« Schriftsteller (dass sie rechts sind, erkennt man daran, dass sie, wenn sie von ihrer Herkunft sprechen, auf einen jüdischen Vorfahren in der vierten Generation hinzuweisen pflegen; so kann jeder ihren geistigen Freisinn konstatieren). Ansonsten wie überall ein sehr unterschiedliches Publikum, das keinen anderen Punkt als den des Lesens gemeinsam hat. Diese Leute leben in einer Gegend, in der die Zahl der Grünnuancen ins Unendliche reicht. Ist der Himmel aber vollkommen grau, verblassen diese Grünnuancen alle. Man hat es folglich mit einer blass gewordenen Unendlichkeit zu tun. Ich dachte an den Lauf der Planeten nach dem Ende allen Lebens, in einem immer kälteren, vom allmählichen Erlöschen der Sterne geprägten Universum, und die Worte »menschliche Wärme« brachten mich beinahe zum Weinen.

Sonntag nahm ich den TGV nach Paris. Die Ferien waren zu Ende.

GESPRÄCH MIT SABINE AUDRERIE

Diese Unterhaltung erschien in der Nummer 5 der Zeitschrift
Encore *(April 1997).*

Nach der Veröffentlichung von Der Sinn des Kampfes *ar-*
beiten Sie an der Umarbeitung Ihres ersten Gedichtbands
Die Fortsetzung des Glücks. *Ist die Poesie ein Genre, das Sie*
immer mehr bevorzugen?

Nicht wirklich, ich unternehme gerade den Versuch, einen
Roman zu schreiben. Ich habe den Eindruck, dass ich mich
in zwei gegensätzliche Richtungen entwickle: in der Prosa
in eine immer unerbittlichere und gemeinere, in der Poesie
in eine immer leuchtendere und bizarrere. Wenn ich in einer
Richtung zu weit gehe, gerate ich sofort in Versuchung, mich
in die andere zu stürzen. Es ist ein dynamisches Gleichgewicht, wahrscheinlich noch weniger als eine Synthese. Aber
es ist das Beste, was ich im Moment tun kann.

Ist die Poesie nicht dazu ausersehen, unmittelbare Emotionen
hervorzurufen, ein Innenleben auszudrücken?

Sie ist vor allem eine geheimnisvollere Sicht der Welt.
Die Poesie ruft verborgene, mit anderen Mitteln nicht aus-
zudrückende Dinge wach ... und ich bin stets vom Ergeb-

nis überrascht. Manchmal hat es mit der Musikalität zu tun, manchmal nicht. Manchmal ist es einfach eine seltsame, völlig losgelöste Wahrnehmung. Es ist eigenartig, in sich selbst auf unerklärliche Dinge zu stoßen. Ich bin immer mehr davon überzeugt, dass eine Schönheit, die nicht an Begehren gebunden ist, zwangsläufig etwas Seltsames hat. Man kann sie in einem Roman antreffen, aber das kommt viel seltener vor, man wird vom Treiben des Geschehens und der Gestalten mitgerissen. Ohne dass man dabei mit den Worten spielen würde, kann man wahrscheinlich sagen, dass der aktive Teil in einem Roman auf Poesie beruht.

Kann man den Dichter heute »verdammt« nennen?

Es ist noch schlimmer. Die Poesie ist eine völlig hoffnungslose Tätigkeit. Und das, obwohl viele Menschen im Laufe ihres Lebens das Bedürfnis verspüren, Gedichte zu schreiben. Aber keiner liest sie mehr. Die Idee hat sich breitgemacht, dass Poesie zwangsläufig langweilig ist. Der Bedarf an Poesie wird durch Songs jedoch nur teilweise gestillt.

Fühlen Sie sich zeitgenössischen Dichtern nicht nahe?

Ich habe viele Dichter des letzten Jahrhunderts gelesen, weniger die meines Jahrhunderts. Meine Lieblingsepoche – in der Poesie wie in der Musik – bleibt die erste Zeit der deutschen Romantik. Es ist schwierig, das heute wiederzufinden, unsere Zeit eignet sich nicht für Pathetik und Lyrismus. Ich habe weder etwas gegen diese oder jene Avantgarde, noch bin ich gegen diese oder jene andere, mir ist nur klar, dass ich mich durch die einfache Tatsache hervorhebe, dass ich mich weniger für die Sprache als für die Welt interessiere. Ich bin fasziniert von den bis dato unbekannten Erscheinungen der Welt, in der wir leben, und ich verstehe nicht, wie es den anderen Dichtern gelingt, sich dem zu entziehen: Leben sie denn alle auf dem Land? Jeder geht in den Supermarkt, liest Zeitschriften, jeder hat einen Fernseher, einen Anrufbeantworter ... Es gelingt mir einfach nicht, diesen Aspekt der Dinge hinter mir zu lassen, dieser Realität zu entrinnen. Ich bin schrecklich zugänglich für die Welt, die mich umgibt.

Sie haben den Text Am Leben bleiben, *Ihre »Methode«, nur geringfügig verändert.*

Es handelt sich um einen Text, der sehr einem »ersten Wurf« gleicht und schwer zu verändern ist. Außerdem ist es wahr, dass er eine Methode definiert, der ich bis heute treu geblieben bin. Ich weiß, dass *Die Ausweitung der Kampfzone,* mein erster Roman, Überraschung hervorgerufen hat. Jene (sie waren ausgesprochen selten), die *Am Leben bleiben* gelesen hatten, waren wahrscheinlich weniger überrascht als die anderen.

Welche Rolle kann die Literatur in der von Ihnen beschriebenen Welt spielen, die jeden moralischen Sinn verloren hat?

In jedem Fall eine schmerzliche Rolle. Wenn man mit dem Finger die Wunden berührt, verdammt man sich zu einer unsympathischen Rolle. In Anbetracht des von den Medien entwickelten, fast märchenhaften Diskurses fällt es leicht, literarische Qualitäten an den Tag zu legen – indem man die Ironie, die Negativität, den Zynismus ausbaut. Erst wenn man den Zynismus überwinden möchte, wird es schwierig. Wenn es heute jemandem gelingen sollte, einen sowohl ehrlichen als auch positiven Diskurs zu entwickeln, wird er den Lauf der Welt verändern.

GESPRÄCH MIT VALÈRE STARASELSKI

Dieses Gespräch erschien am 5. Juli 1996 in L'Humanité.

Michel Houellebecq, die Titel Ihrer Werke klingen wie Aufrufe zum Widerstand gegen eine Welt, von der Sie – ein in der Literatur seltener Tatbestand – mithilfe eines offensichtlich belanglosen Alltags vor allem in Unternehmen zeigen, dass sie auf einer immer krasseren Mystifizierung aufbaut. Erklärt sich die Durchschlagskraft Ihrer Bücher nicht durch die Tatsache, dass Sie unumwunden ein soziales und politisches Tabu zum Ausdruck bringen?

Meine Romangestalten sind weder reich noch berühmt. Sie sind auch keine Außenseiter, Straftäter oder Ausgeschlossene. Unter ihnen finden sich Sekretärinnen, Techniker, Büroangestellte, Kader. Leute, die mitunter ihre Arbeit verlieren, die mitunter Opfer von Depressionen sind. Also völlig durchschnittliche, vom romanesken Standpunkt aus a priori wenig anziehende Leute. Wahrscheinlich ist es die Präsenz dieses banalen, selten beschriebenen Universums (umso seltener beschrieben, als die Schriftsteller es kaum kennen), das in meinen Büchern überrascht hat – insbesondere in meinem Roman. Vielleicht ist es mir tatsächlich gelungen, bestimmte Gewohnheitslügen zu beschreiben, pathetische Lügen, die sich die Leute erzählen, um ihr unglückliches Leben zu ertragen.

Sie beschreiben eine Welt, die vom Liberalismus ihrer Mensch-
lichkeit entleert wird, und meinen, dass »die zunehmende
Auslöschung zwischenmenschlicher Beziehungen nicht ohne
einige Probleme für den Roman einhergeht ... Wir sind weit
von Emily Brontës Sturmhöhe *entfernt, das kann man wohl*
sagen. Die Form des Romans ist weder für die Schilderung
der Gleichgültigkeit geschaffen noch für die der Leere; man
müsste eine flachere, genauere und eintönigere Ausdrucks-
weise erfinden.« Stellt sich die Frage für die Poesie nicht?

Wir erleben noch immer seltsame Augenblicke von großer Intensität, für die die Poesie ein natürliches und unmit-
telbares Ausdrucksmittel ist. Typisch modern ist, dass diese
Augenblicke sich nur schwer in eine Kontinuität einreihen,
die Sinn macht. Das ist etwas, was viele Leute empfinden: Sie
leben von Zeit zu Zeit. Nimmt man ihr Leben jedoch insgesamt, hat es weder Richtung noch Sinn. Aus diesem Grund
ist es schwierig geworden, einen ehrlichen Roman ohne Klischees zu schreiben, in dem es dennoch eine romaneske Entwicklung gibt. Ich bin mir nicht sicher, eine Lösung gefunden
zu haben. Ich habe den Eindruck, dass ein Ansatz darin besteht, dem Romanstoff brutal Theorie und Geschichte zu in-
jizieren.

Die Umwälzungen in den Beziehungen und in der Stellung
von Mann und Frau schlagen sich in Ihren Texten nieder.
Oft auf schmerzliche Weise. Wozu inspiriert Sie Aragons
Vers »die Zukunft des Mannes ist die Frau«?

Was man die »Befreiung der Frau« genannt hat, kam eher den Männern gelegen, die darin die Gelegenheit sahen, ihre sexuellen Begegnungen zu vervielfachen. Darauf folgte die Auflösung des Paares und der Familie, das heißt, der beiden letzten Gemeinschaften, die das Individuum vom Markt trennten. Auch wenn es sich um eine sehr allgemeine menschliche Katastrophe handelt, glaube ich, dass es die Frauen sind, die am meisten darunter leiden. In traditionellen Verhältnissen entwickelte sich der Mann in einer Welt, die freier und offener war als die der Frau; das heißt auch in einer härteren, wettbewerbsorientierteren, egoistischeren und gewalttätigeren Welt. Die femininen Werte waren gewöhnlich geprägt von Selbstlosigkeit, Liebe, Mitgefühl, Treue und Sanftheit. Auch wenn diese Werte ins Lächerliche gezogen worden sind, muss man deutlich sagen: Es sind Werte einer höheren Kultur, deren völliges Verschwinden eine Tragödie wäre.

In diesem Kontext scheint mir der Vers von Aragon, den Sie anführen, auf einem unglaublichen Optimismus zu beruhen. Die alten Dichter haben jedoch das Recht, Visionäre zu sein, sich in eine Zukunft zu projizieren, deren erste Umrisse noch nicht absehbar sind. In der Geschichte der Menschheit ist es in der Tat möglich, dass das Maskuline nur eine Episode bildet – eine unheilvolle Episode.

Man hat den politischen Parteien, einschließlich der Kommunistischen Partei Frankreichs, vorgeworfen, dass sie einen auf lange Sicht tödlichen Konformismus transportieren, dass sie Gewohnheiten entsprechen, die nicht mehr den vitalen Bedürfnissen der Gesellschaft folgen, und dass sie viel zu abgeschlossen leben. Was meinen Sie dazu? Und wie sehen

Sie die Beziehungen zwischen Kunst und Politik in der heuti-
gen Gesellschaft, in einer Zeit, in der Künstler, vor allem im
Film, für die Kultur bedeutsame Fragen aufgreifen und nicht
zögern, in ihren Werken die Welt in die Hand zu nehmen?

Seit September 1992, als wir den Fehler begangen haben,
Maastricht zuzustimmen, hat sich ein neues Gefühl im Lande breitgemacht: das Gefühl, dass die Politiker nichts be-
wirken können, dass sie keine wirkliche Kontrolle über das
Geschehen haben und immer weniger haben werden. Die
unerbittliche Zwangsläufigkeit der Wirtschaft lässt Frankreich langsam ins Lager der mittleren bis armen Länder kip-
pen. Was die Öffentlichkeit unter diesen Umständen für die
Politiker empfindet, ist natürlich Verachtung. Die Politiker
spüren das und verachten sich selber. Wir wohnen einem
betrügerischen, ungesunden, unheilvollen Spiel bei. Es ist
schwer, sich dessen genau bewusst zu werden. Um auf den
zweiten Teil Ihrer Frage zu antworten: Ich glaube, dass es bereits enorm wäre, wenn es der Kunst gelänge, ein halbwegs
ehrliches Bild vom gegenwärtigen Chaos zu geben, und dass
man nicht mehr von ihr verlangen kann. Wenn man sich in
der Lage fühlt, einen sinnvollen Gedanken auszudrücken, ist
das gut. Wenn man Zweifel hat, muss man sie ebenfalls mit-
teilen. Was mich betrifft, habe ich den Eindruck, dass es nur
einen einzigen Weg gibt: die Widersprüche, die mich zerreißen, weiterhin kompromisslos zum Ausdruck zu bringen, da
sie sich für meine Zeit sehr wahrscheinlich als repräsentativ
herausstellen werden.

In Ihren Texten erwähnen Sie mehrmals die Figur von Robespierre, und in einem Gespräch erklären Sie sich zum Anhänger einer kommunistischen Gesellschaft, auch wenn Sie zugeben, dass das mit Persönlichkeiten wie der Ihren nicht sehr gut funktionieren würde. An anderer Stelle, in Ihrem Gedicht Letztes Bollwerk gegen den Liberalismus, *beziehen Sie sich auf die Enzyklika Papst Léos XIII. über die soziale Mission des Evangeliums. Was muss man Ihrer Meinung nach politisch gesehen tun, damit der Mensch ein Mensch bleibt?*

Die Anekdote ist vielleicht apokryph, ich mag sie dennoch sehr: Es sei Robespierre gewesen, der darauf bestanden hätte, der Losung der Republik das Wort »Brüderlichkeit« hinzuzufügen. Als habe er in einer plötzlichen Ahnung gespürt, dass Freiheit und Gleichheit zwei miteinander unvereinbare Begriffe sind, dass ein dritter Begriff absolut unerlässlich sein würde. Die gleiche Ahnung hat er auch gegen Ende hin, als er versucht, den Kampf gegen den Atheismus aufzunehmen, den Kult Gottes zu fördern (und das inmitten der Gefahren, der Knappheit, des äußeren und inneren Krieges). Man kann in ihm einen Vorläufer von Auguste Comtes Konzept des Großen Wesens sehen. Noch allgemeiner gesagt, halte ich es für wenig wahrscheinlich, dass eine Kultur lange ohne irgendeine Religion auskommen kann (wobei man präzisieren muss, dass eine Religion atheistisch sein kann, wie zum Beispiel der Buddhismus). Die Aussöhnung der Egoismen durch die Vernunft – der Irrtum des Jahrhunderts der Aufklärung, auf das sich die Liberalen in ihrer unheilbaren Dummheit weiterhin berufen (es sei denn, es handelt sich um Zynismus, was im Übrigen auf das Gleiche hinausliefe), – scheint mir eine auf äußerst wackligen Füßen stehende Basis zu sein. In dem Gespräch, das Sie erwähnen, beschrieb ich mich als »Kommunisten, aber nicht als Marxisten«. Der Irrtum des Marxismus bestand im Glauben, dass es ausreichen würde, die ökonomischen Strukturen zu verändern, der Rest würde dann folgen. Der Rest, das haben wir gesehen, ist nicht gefolgt. Wenn etwa die jungen Russen sich so schnell der widerwärtigen Atmosphäre eines mafiösen Kapitalismus angepasst haben, dann deshalb, weil sich das vorhergehende Regime außer Stande gezeigt hat, den Altruismus zu fördern. Es ist ihm nicht gelungen, weil der dialektische Materialismus, der sich auf dieselben philosophischen Prämissen stützt wie der Liberalismus, von seiner Konstruktion her nicht in der Lage ist, zu einer altruistischen Moral zu führen.

Ich persönlich bin allerdings von Grund auf areligiös, obwohl ich mir der Notwendigkeit einer religiösen Dimension schmerzlich bewusst bin. Das Problem ist, dass sich keine der heutigen Religionen mit dem allgemeinen Erkenntnisstand verträgt. Was wir bräuchten, ist geradezu eine neue Ontologie. Diese Probleme mögen übertrieben intellektuell erscheinen. Ich glaube jedoch, dass sie in zunehmendem Maße außerordentlich konkrete Auswirkungen haben werden. Wenn in dieser Hinsicht nichts passiert, hat die westliche Kultur meiner Meinung nach keine Chance.

REISEBERICHT:
VOLL IN DIE MITTE TREFFEN

Aus Burma zurückgekehrt, erfahre ich, dass ich einen Fehler begangen habe. Ich hätte nicht in ein Land fahren dürfen, in dem die Dissidenten verfolgt werden, in dem die Meinungsfreiheit verhöhnt wird usw. Die Tatsache, dass ich nicht auf dem Laufenden war, verschlimmert meinen Fall noch: Informiert zu sein, war immer ein Recht, es scheint, als sei es zu einer *Pflicht* geworden. Schlimmer noch: Trotz eines dreiwöchigen Aufenthalts und zahlreicher Diskussionen mit den Burmesen (ich habe, ganz nebenbei gesagt, noch nie ein so gesprächiges Volk erlebt) war mir nicht bewusst geworden, dass sie unter dem Stiefel einer Militärdiktatur erstickten.

Daher betrachte ich den Brief, in dem mich die Französische Botschaft einlädt, in den Vereinigten Staaten eine Reihe von Vorträgen zu halten, diesmal mit einem gewissen Verdacht. Wird man mir als eingefleischtem Antiliberalen vorwerfen, meinen Überzeugungen abzuschwören? Ein kurzes Nachdenken überzeugt mich vom Gegenteil. Ein touristischer Aufenthalt im Reich des freien Unternehmertums wäre natürlich taktlos von mir. Die Tatsache aber, dass man meine Reisekosten übernimmt, dass man mir sogar einige Honorare zahlt, ändert alles: Offensichtlich wünschen mich diese Leute dafür zu bezahlen, dass ich wie gewöhnlich auf das Geld, auf die individuelle Freiheit, auf die Menschenrechte, auf die repräsentative Demokratie und auf raucherfreie Orte spucke. Kurz, sie wünschen, dass ich an *der Debatte teilnehme*. Zudem dürfte mein äußerst mittelmäßiges Englisch eine indirekte Ermutigung zum Erlernen der französischen Sprache darstellen; folglich wäre eine Absage von mir eine Feigheit. Um mir die letzten Skrupel zu nehmen, beschließe ich, den Monat darauf nach Kuba in Urlaub zu fahren. So werden die von den amerikanischen Universitäten ausgegebenen Dollar fast sofort dazu dienen, Fidel Castros Kassen zu füllen.

Nachdem ich die moralische Seite des Problems geregelt habe, mache ich mich an die administrative. Es stellt sich heraus, dass die Dinge dort von vornherein weniger einfach liegen. Damit ich in den Vereinigten Staaten bezahlt werden kann, müssen mir die einladenden Universitäten das Formular IAP66 zuschicken, das Vorspiel zur Beschaffung des Visums Ji. Da sich die amerikanische Post in einem fortgeschrittenen Zustand der Auflösung befindet, hält es die Rice University in Houston für sicherer, sich an Jet Express Worldwide, einen privaten Kurierdienst, zu wenden. Ein schwerwiegender Fehler. Im Gegensatz zu den Briefträgern, die das Jahr damit verbringen, das Viertel langsam und bis in die kleinsten Ecken abzulaufen, rauschen die Kuriere auf ihren Motorrollern in einer sehr »tight-flow«-mäßigen Atmosphäre umher. Keinem von ihnen ist es bisher gelungen, mein Haus zu finden. In der Regel kommen die Dinge nach mehreren Anrufen beim dritten Anlauf ins Lot. Wenn die Sendung eigenhändig übergeben werden muss, wird es komplizierter. Das System der Einschreiben stützt sich auf eine äußerst dichte Infrastrukur von »Postämtern«, die über ausgedehnte Öffnungszeiten verfügen (in der Woche im Allgemeinen von 8 bis 19 Uhr). Jet Express Worldwide kann seinen zur Schau gestellten weltweiten Ambitionen zum Trotz offensichtlich kein vergleichbares Netz aufweisen ...

Das Formular IAP66 kam schließlich doch noch bei mir an. Tatsächlich sind es die zur Beschaffung des Arbeitsvisums J1 notwendigen Formalitäten, bei denen man zum ersten Mal mit dem amerikanischen Traum in Berührung gerät. Die zuständige Abteilung der Botschaft verfügt über kein Telefon, mit Ausnahme einer automatischen Ansage (8, 93 F pro Anruf + 2,23 F pro Minute), die interessante Auskünfte über die Demokratie erteilt, aber bestimmte Details wie etwa die Öffnungszeiten (8 Uhr 30 bis 11 Uhr) auslässt. Nach einem ersten vergeblichen Gang und einer Stunde Wartezeit draußen im eiskalten Regen wird mir endlich gestattet, einen merkwürdigen Fragebogen auszufüllen. Ich habe weder an einem Genozid, noch an Verbrechen gegen die Menschheit teilgenommen. Ich gehöre weder einer terroristischen Organisation an, noch erwäge ich, den Präsidenten der Vereinigten Staaten zu ermorden. In dieser Hinsicht ist also alles im Lot.

Einem Europäer erscheinen die Beamten der Visaabteilung der amerikanischen Botschaft womöglich unnötig gewalttätig, aggressiv und vulgär. In Wirklichkeit muss man ihr Gebaren als erste Gelegenheit in einem Lernprozess von Verhaltensformen ansehen, die sich vor Ort als permanent nützlich erweisen (und Ihnen im Falle einer Verhaftung durch texanische Polizisten sogar das Leben retten können). Vermeiden Sie, den Leuten in die Augen zu sehen. Lächeln Sie nicht ironisch, machen Sie vor allem keine jähen Gesten. Vergessen Sie nie, dass sich in den Vereinigten Staaten jeder zwischenmenschliche Kontakt zunächst in einem Kräferingen äußert. Wenn ein Amerikaner, mit dem Sie in Kontakt treten, im Allgemeinen damit beginnt, Sie anzugreifen, dann deshalb, weil er herausfinden möchte, »was Sie in der Hose haben«. Zögern Sie also nicht, gegebenenfalls Ihre höhere soziale Stellung auszuspielen (so zögerte der Angestellte des Französischen Konsulats in Houston nicht, mich *Professor Houellebecq* zu nennen, um vom Telefonisten des Holiday Inn das seit zwei Wochen reservierte Zimmer zu erhalten).

Bei meiner Ankunft in Roissy erfahre ich, dass Air France (völlig illegal) das *Overbooking* betreibt. Tritt der Fall ein, dass alle Passagiere vorstellig werden, versucht man, sie in einem anderen Flugzeug unterzubringen und gibt ihnen tausend Francs, um die Affäre zu vertuschen. Die Konkurrenz ist rüde im Nordatlantik.

Das Flugzeug der Continental Airlines ist überfüllt, die Stewardessen sind merkwürdig alt. Ich gebe meinen Kuchen der Nachbarin auf meiner linken Seite, einer Afrikanerin aus dem Togo, die mit Nouvelles Frontières reist. Bei der Ankunft in Newark ist der Himmel bewölkt und turbulent. Sie beginnt sich zu übergeben. Es ist 15 Uhr 30. Normalerweise hätte ich zwei Stunden früher auf einem anderen, viel näher am Stadtzentrum gelegenen Flughafen ankommen sollen. Im Gegensatz zu seinem förmlichen Versprechen hat der Angestellte von Air France nicht bei der Botschaft angerufen. Es erwartet mich folglich niemand. Es ist jetzt vierzehn Stunden her, dass ich eine Raucherzone durchquert habe. In meinen Mundwinkeln bildet sich ein wenig Geifer. Auf dem Flughafen von Newark überfällt mich ein stilles Lachen.

Die Order meiner Mission, die mir vom Außenministerium übergeben wurde, ist deutlich. Ihr vollständiger Text lautet: »Monsieur Houellebecq, Schriftsteller, nicht im öffentlichen Dienst (Gruppe I; Richtzahl), wird die Erlaubnis erteilt, sich von Paris aus nach New York, Hartford, Philadelphia und Houston und wieder zurück nach Paris (administrativer Wohnsitz: Paris; Familienwohnsitz: Paris) zu begeben.«

Für Kalifornien musste ich mich folglich mit Berichten von Zeugen zufriedengeben. Es hat den Anschein, als sei Bret Easton Ellis' Beschreibung der kalifornischen Jugend in *Unter Null* recht genau: Sex, Sonnenbäder, Muskeltraining, Videos, Kokain, Langeweile; keine Politik, keine Zigaretten, keine Bücher. In seinem zweiten Roman *Die Anziehungskraft* beschreibt Ellis einen Campus der Ostküste als eine gigantische Arena der Fickerei, gefüllt mit jungen Arschlöchern voller Zaster, deren intellektuelles und moralisches Niveau erschreckend niedrig ist. Auch die diskreten Umfragen, die ich an der (alteingesessenen, angesehenen, teuren, zur Ivy League gehörenden) University of Pennsylvania durchführen konnte, haben dieses Porträt nicht wirklich ungültig gemacht; aber letztlich hatte ich nur in New York Zeit, mich selber zu erkundigen. Mühelos fand ich all jene Marken wieder, die in *American Psycho* unablässig angeführt werden, bei uns jedoch nur wenig bekannt sind: Ermenegildo Zegna, Oliver Peoples, Hugo Boss ... selbst Armani und Calvin Klein sind in Europa weniger präsent. Dagegen hat es keinen Sinn, in die Vereinigten Staaten zu fahren, um von dort ein Paar Nikes mit zurückzubringen: Die Sportmarken sind die einzigen, die wirklich eine weltweite Strategie besitzen.

Den *Yuppie spielen* kann man in Manhattan besser als anderswo: Man mietet eine Limousine für den Abend, versucht in einem Restaurant zu reservieren, das gerade in ist; man wird von einer vollbusigen Schlampe, die ihren Kellnerjob offensichtlich *einzig in der Absicht* angenommen hat, sich von einem Produzenten aufgabeln zu lassen, schlimmer als der letzte Dreck behandelt; man verspürt eine wirkliche Erleichterung bei dem Gedanken, dass man sie stundenlang *misshandeln* könnte; man spürt schließlich all das, was einen von einem *wirklichen* Star trennt (die Begegnung mit Tom Cruise im Fahrstuhl oder die Demütigung des Erzählers durch seinen jungen »Rock and Roll«-Bruder im Dorcia bleiben für mich die besten Passagen des Buches).

Diese Reise in die USA hatte zum Ziel, Vorträge, vielleicht auch Vorlesungen in verschiedenen amerikanischen Universitäten zu halten. Also von mir zu sprechen, möglicherweise auch von der Situation in Frankreich. In keinem Fall aber, bis dahin unbekannte ethnografische Betrachtungen über die örtliche Realität anzustellen. Zum Glück, denn ich hätte nichts zu sagen gewusst, was nicht schon bei Bret Easton Ellis steht. Zwischen dem kalifornischen Jugendlichen, »dessen Vater beim Film arbeitet«, und dem Yuppie aus New York fehlen mehrere Jahre: *Die Anziehungskraft,* das von den drei Titeln am wenigsten gelesene, hat diese Lücke geschlossen. All das ist unglaublich zutreffend. Es stimmt zwar (man hat es ihm vorwerfen können), dass sich Ellis darauf beschränkt, junge und äußerst reiche Figuren zu beschreiben; aber *alle* Amerikaner versuchen, jung zu bleiben, *alle* Amerikaner streben danach, reich zu werden. Das Ambiente des alles beherrschenden Tribalismus (wahrscheinlich der Ausgleich für eine extreme individuelle Einsamkeit) darf nicht über die erdrückende Gleichförmigkeit der Werte hinwegtäuschen. Mehr noch als anderswo scheint es in den Vereinigten Staaten besonders angebracht, sich für die *Sieger* zu interessieren.

Ich persönlich ziehe Figuren »im mittleren Alter« vor, ich habe mich nie für Reiche interessiert (und tue es noch immer nicht), für Arme, Politiker, Straftäter oder Künstler (mit Ausnahme des *gescheiterten Künstlers,* ein besonderer Fall, der mir emblematisch erscheint: Wir sind alle ein wenig gescheitert, wir sind alle ein wenig Künstler). Was die soziale Beschreibung angeht, so beschreibe ich ganz entschieden die *Mittelklasse;* aber es ist möglich, dass dieses sozialdemokratische Konzept in einer rein liberalen Zone keinen Sinn hat. Mitten auf dem Flughafen von Houston, kurz vor meinem Rückflug nach Europa, wird mir bewusst, dass jenseits der Schwierigkeiten bei ihrer Umsetzung diese beiden Strategien wahrscheinlich das gleiche Ziel verfolgen: voll in die Mitte zu treffen.

TOTE ZEITEN

Diese Chroniken erschienen in den Nummern 90 bis 98 der Zeitschrift Les Inrockuptibles *(Februar bis März 1997). Die Titel stammen von Sylvain Bourmeau.*

Was suchst du hier?

»Nach dem phänomenalen Erfolg der ersten Veranstaltung« findet auf dem Ausstellungsgelände an der Porte Champerret die zweite Messe für *hot* Videos statt. Ich bin kaum am Vorplatz angelangt, als mir eine junge Frau, von der ich alles andere vergessen habe, ein Flugblatt überreicht. Ich versuche, mit ihr ins Gespräch zu kommen, aber sie ist bereits zu einer kleinen Gruppe von Militanten zurückgekehrt, die, jeder einen Stapel Flugblätter in der Hand, von einem Fuß auf den andern treten, um sich aufzuwärmen. Eine Frage steht quer auf dem Blatt, das sie mir überreicht hat: »Was suchst du hier?« Ich gehe auf den Eingang zu. Das Ausstellungsgelände befindet sich im Untergeschoss. Zwei Rolltreppen surren mitten in einem riesigen Raum. Männer kommen allein oder in kleinen Gruppen herein. Der Ort erinnert mehr an einen Darty als an einen unterirdischen Tempel der Unzucht. Ich steige einige Stufen hinab, lese dann einen Katalog auf, den jemand liegen gelassen hat. Er wurde herausgegeben von Cargo VPC, einem Unternehmen, das sich auf den Katalogversand von Pornovideos spezialisiert hat. Ja, was suche ich hier?

In die Metrostation zurückgekehrt, beginne ich mit der Lektüre des Flugblatts. Unter dem Titel »Die Pornografie verdirbt dir den Kopf« entwickelt es folgende Argumentation: Bei allen sexuellen Straftätern, Vergewaltigern, Pädophilen usw. wurden zahlreiche pornografische Kassetten gefunden. Das wiederholte Betrachten pornografischer Kassetten verursache »allen Studien zufolge«, dass sich die Grenzen zwischen Phantasma und Realität verwischten und damit der Übergang zur Tat erleichtert werde, während die »herkömmlichen sexuellen« Praktiken zugleich jeden Reiz verlören.

»Was meinen Sie?« höre ich die Frage, noch bevor ich meinen Gesprächspartner sehe. Jung, kurzes Haar, anscheinend intelligent und ein wenig ängstlich steht er vor mir. Die Metro fährt ein, was mir die Zeit lässt, mich von meiner Überraschung zu erholen. Jahrelang bin ich durch die Straßen gelaufen und habe mich gefragt, ob der Tag kommen würde, an dem mich jemand ansprechen würde – aus einem anderen Grund, als mich um Geld zu bitten. Man hält es nicht für möglich, aber der Tag ist gekommen. Dafür hat es die zweite Messe für *hot* Videos gebraucht.

Entgegen meiner Vermutung handelt es sich nicht um einen Anti-Porno-Militanten. In Wirklichkeit komme er von der Messe. Er sei hineingegangen. Und was er gesehen habe, habe ihn eher unbehaglich gestimmt. »Nur Männer ... in ihrem Blick lag etwas Gewalttätiges.« Ich wende ein, dass Lust die Gesichtszüge oft in eine angespannte, ja Gewalt ausstrahlende Maske verwandle. Aber nein, er wisse das, nicht von der Gewalt der Lust wolle er sprechen, sondern von einer *wirklich gewalttätigen Gewalt.* »Ich war von Männergruppen umgeben (die Erinnerung daran scheint ihn leicht zu bedrücken) ... viele Kassetten mit Vergewaltigungen, Folterszenen ... Sie waren erregt, ihr Blick, die Atmosphäre ... Es war ...« Ich höre ihm zu, ich warte. »Ich habe das Gefühl, dass das ein übles Ende nehmen wird«, schließt er jäh, bevor er an der Station Opéra aussteigt.

Einige Zeit später stoße ich bei mir erneut auf den Katalog der Cargo VPC. Das Drehbuch von *Analo-Kids* verspricht uns »Frankfurter Würstchen im kleinen Loch, das Geschlecht voller Ravioli, Ficken in Tomatensoße«. Das der *Brüder Ejac n° 6* setzt »Rocco den Arschaufreißer« in Szene: »Sei es eine rasierte Blonde oder eine feuchte Brünette, Rocco verwandelt das Rektum in einen Vulkan, um seine kochende Lava auszuspeien«. Das Resümee von *Vergewaltigte Schlampen n°2* schließlich verdient, in vollem Wortlaut wiedergegeben zu werden: »Fünf herrliche Schlampen werden von Sadisten angegriffen, sodomisiert, vergewaltigt. Sie können noch so zappeln und ihre Krallen ausfahren, am Ende sind sie grün und blau geschlagen, in menschliche Samenpumpen verwandelt.« In diesem Stil geht es sechzig Seiten weiter. Ich gebe zu, dass ich darauf nicht gefasst war. Zum ersten Mal in meinem Leben beginne ich, für die amerikanischen Feministinnen vage Sympathie zu empfinden. Natürlich hatte ich gehört, dass seit einigen Jahren eine *Trash*-Mode aufgekommen war, was ich gedankenlos auf die Erschließung eines neuen Marktsegments geschoben hatte. Von wegen Markt, dummes Zeug, sagt mir gleich am nächsten Tag meine Freundin Angèle, Verfasserin einer Dissertation über das mimetische

Verhalten der Reptilien. Das Phänomen sitze viel tiefer. »Um sich in seiner Männlichkeit zu bestätigen«, legt sie fröhlich los, »begnügt sich der Mann nicht mehr mit der einfachen Penetration. Er fühlt sich in Wirklichkeit ständig bewertet, beurteilt, mit anderen Männern verglichen. Um dieses Unbehagen zu verjagen, um Lust verspüren zu können, muss er seine Partnerin heutzutage schlagen, erniedrigen, demütigen; er muss spüren, dass sie ihm völlig ausgeliefert ist. Man beginnt übrigens, dieses Phänomen auch bei Frauen zu beobachten«, schließt sie lächelnd.

»Wir sind also verloren«, sage ich nach einer Weile. Ja, ihr zufolge seien wir das. Ja, wahrscheinlich.

Der Deutsche

Das Leben eines Deutschen spielt sich wie folgt ab: In seiner Jugend, in seinem reifen Alter *arbeitet* der Deutsche (im Allgemeinen in Deutschland). Manchmal ist er arbeitslos, seltener jedoch als der Franzose. Wie dem auch sei, die Jahre gehen vorbei, und der Deutsche erreicht das Rentenalter. Von nun an kann er seinen Wohnsitz auswählen. Lässt er sich dann auf einem Bauernhof in Schwaben nieder? In einem Haus in den Wohnvierteln von Münchens Vororten? Es kommt vor, in Wirklichkeit aber immer seltener. Im fünfundfünfzig bis sechzig Jahre alten Deutschen vollzieht sich eine tief greifende Veränderung. Wie der Storch im Winter, wie der Hippie aus früheren Zeiten, wie der israelische Anhänger der *goa trance* fährt der sechzigjährige Deutsche *in den Süden.* Man findet ihn in Spanien, oft an der Küste zwischen

Cartagena und Valencia. Einige Vertreter der Spezies – in der Regel aus einer wohlhabenderen soziokulturellen Schicht – wurden von den Kanarischen Inseln oder Madeira gemeldet.

Diese tief greifende, existenzielle, endgültige Veränderung überrascht die Umgebung wenig. Sie wurde durch zahlreiche Ferienaufenthalte, durch den Kauf einer Wohnung fast unvermeidlich darauf vorbereitet. So lebt der Deutsche, er profitiert von seinen letzten schönen Jahren. Dieses Phänomen fiel mir zum ersten Mal im November 1992 auf. Als ich mit dem Auto nördlich von Alicante ein wenig umherfuhr, hatte ich die seltsame Idee, in einer winzigen Stadt anzuhalten, die man in einem Analogon auch Dorf nennen könnte. Das Meer lag in unmittelbarer Nähe. Dieses Dorf trug keinen Namen; wahrscheinlich hatte man keine Zeit gehabt, ihm einen zu geben – es war offensichtlich, dass kein Haus vor 1980 gebaut worden war. Es war ungefähr siebzehn Uhr. Als ich durch die ausgestorbenen Straßen ging, beobachtete ich zunächst ein seltsames Phänomen: Die Schilder der Geschäfte und Cafés, die Speisekarten der Restaurants, alles war auf Deutsch verfasst. Ich kaufte einige Sachen ein und stellte fest, dass der Ort sich zu beleben begann. Eine immer dichtere Menschenmenge drängte sich durch die Straßen, über die Plätze, über den Strand ... Sie schien angetrieben von einem lebhaften Hunger nach Konsum. Hausfrauen traten aus ihren Häusern. Männer mit Bärten begrüßten sich warmherzig und schienen die Einzelheiten des Abends zu besprechen. Die zunächst verblüffende Homogenität dieser Bevölkerung wurde allmählich beklemmend, und gegen neunzehn Uhr musste ich mir eingestehen: Die Stadt war ausschließlich von deutschen Rentnern bewohnt.

Strukturell gesehen, evoziert das Leben des Deutschen also fast das Leben eines Gastarbeiters. Das heißt, es gibt ein Land A und ein Land B. Das Land A wird als Arbeitsland angesehen. In ihm ist alles funktional, langweilig und unzweideutig. Im Land B verbringt man seine Freizeit, seinen Urlaub, seinen Ruhestand. Man bedauert, es zu verlassen, man wünscht sich sehnlichst, in es zurückzukehren. Im Land B schließt man die wirklichen, die engen Freundschaften. Im Land B kauft man eine Wohnung, die man seinen Kindern vermachen möchte. Das Land B liegt in der Regel weiter im Süden.

Kann man daraus schließen, dass Deutschland eine Gegend in der Welt geworden ist, in der der Deutsche nicht mehr wohnen möchte und der er entflieht, sobald er kann? Ich glaube, man kann. Seine Meinung über sein Geburtsland gleicht folglich der des Türken. Es gibt keinen wirklichen Unterschied. Nur wenige Details müssen noch angeglichen werden.

Im Allgemeinen ist der Deutsche mit einer *Familie* ausgestattet, die sich aus ein oder zwei Kindern zusammensetzt. Diese Kinder *arbeiten* wie ihre Eltern, als diese im gleichen Alter waren. Hier bietet sich dem Rentner die Gelegenheit zu einer winzigen, sehr saisonbedingten – da in den Feiertagen zwischen Weihnachten und Neujahr stattfindenden – Völkerwanderung *(ACHTUNG: Das nachstehend beschriebene Phänomen lässt sich beim wirklichen Gastarbeiter nicht beobachten. Die Details stammen von Bertrand, Kellner in der Brasserie* Le Méditerrannée *in Narbonne).*

Die Strecke ist lang zwischen Cartagena und Wuppertal, selbst in einem motorstarken Wagen. Bricht die Nacht herein, verspürt der Deutsche folglich nicht selten die Notwendigkeit einer Rast. Die mit modernen Hotelkomplexen ausgestattete Region Languedoc-Roussillon bietet eine zufriedenstellende Lösung. An dieser Stelle ist das Schlimmste getan – das französische Autobahnnetz bleibt, was immer man behaupten mag, dem spanischen überlegen. Nach der Mahlzeit (Austern aus Bouzigues, kleine Tintenfische auf provenzalische Art, kleine Bouillabaisse für zwei Personen in der Saison) schüttet der Deutsche sein Herz aus. Er spricht dann von seiner Tochter, die in einer Kunstgalerie in Düsseldorf arbeitet, von seinem Schwiegersohn, der Informatiker ist, von Beziehungsproblemen und möglichen Lösungen. Er spricht.

»Wer reitet so spät durch Nacht und Wind?
Es ist der Vater mit seinem Kind.«

Was der Deutsche zu dieser Stunde und an dieser Stelle sagt, hat keine große Bedeutung mehr. Er befindet sich nur auf der Durchreise und kann seinen scharfsinnigen Gedanken freien Lauf lassen. Und scharfsinnige Gedanken hat er.

Später schläft er – wahrscheinlich das Beste, was er tun kann.

Das war unsere Rubrik: »Die Währungsparität Franc–Mark, das deutsche Wirtschaftsmodell«. Ich wünsche allen eine gute Nacht.

Die Herabsetzung des Rentenalters

Früher waren wir Betreuer in Urlaubsdörfern. Wir wurden dafür bezahlt, die Leute zu unterhalten, beziehungsweise für den Versuch, sie zu unterhalten. Später, als wir geheiratet hatten (meist, nachdem wir uns hatten scheiden lassen), kehrten wir – diesmal als Kunden – in die Urlaubsdörfer zurück. Nun versuchten andere junge Leute, uns zu unterhalten. Was uns betraf, so versuchten wir, sexuelle Beziehungen zu bestimmten Mitgliedern des Urlaubsdorfes (manchmal Exbetreuern, manchmal nicht) aufzunehmen. Manchmal gelang uns das, meist aber scheiterten wir. Wir haben uns nicht sehr amüsiert. Heutzutage, schlussfolgert der Exbetreuer eines Urlaubsdorfes, hat unser Leben wirklich keinen Sinn mehr.

Das 1995 erbaute *Holiday Inn Resort* in Safaga am Ufer des Roten Meeres bietet 327 Zimmer und 6 geräumige, angenehme Suiten. Zur Ausstattung zählen unter anderem der Empfangsraum, der *Coffeeshop,* das Restaurant, das Strandrestaurant, die Disco und die Veranstaltungsterrasse. Das Einkaufszentrum umfasst verschiedene Geschäfte, eine Bank, einen Friseur. Ein sympathisches französisch-italienisches Team stellt die Betreuung sicher (Tanzabende, diverse Spiele). Kurz – und um den Ausdruck des Reiseveranstalters zu verwenden –, man hat es mit einem »sehr schönen Komplex« zu tun.

Die Herabsetzung des Rentenalters auf fünfundfünfzig Jahre, setzte der Exbetreuer von Urlaubsdörfern fort, ist eine von der Tourismusbranche wohlwollend aufgenommene Maßnahme. Es ist schwierig, einen Komplex dieser Größe auf der Grundlage einer kurzen und unzusammenhängenden Saison, die sich im Wesentlichen auf die Sommermonate –

und in geringerem Umfang auf die Winterferien – begrenzt, rentabel zu machen. Die Lösung besteht selbstverständlich in der Bereitstellung von Charterflügen für junge, von Sondertarifen profitierende Rentner, die es ermöglichen, das Auf und Ab der Menschenströme miteinander in Einklang zu bringen. Nach dem Tod seines Partners befindet sich der Rentner ein wenig in der Situation des Kindes: Er reist in der Gruppe, er muss Gefährten finden. Während die Jungen jedoch mit Jungen spielen und die Mädchen mit Mädchen schwatzen, finden die Rentner gern ohne Rücksicht auf ihr Geschlecht zusammen. Man stellt fest, dass ihre Anspielungen und Hintergedanken mit sexuellem Charakter in Wirklichkeit sogar zunehmen. Ihre verbale Schlüpfrigkeit ist streng genommen verblüffend. Wie schmerzlich die Sexualität für den Moment auch sein mag, man kommt nicht um die Feststellung herum, dass sie etwas zu sein scheint, was man später bedauert, ein Thema, zu dem man gern nostalgische Variationen erfindet. So schließt man Freundschaften, zu zweit oder zu dritt. Zusammen entdeckt man die Wechselkurse, plant einen Ausflug im Jeep. Die ein wenig in sich zusammengefallenen, kurzhaarigen Rentner ähneln je nach eigener Persönlichkeit griesgrämigen oder netten Gnomen. Ihre Robustheit ist oft erstaunlich, schlussfolgert der Exbetreuer.

»Ich sage jedem, welcher Religion er angehört, und alle Religionen sind zu respektieren«, mischte sich ohne wirklichen Zusammenhang der Verantwortliche für das Muskeltraining ein. Der von dieser Unterbrechung beleidigte Exbetreuer flüchtete sich in ein bekümmertes Schweigen. Mit zweiundfünfzig Jahren war er am Ende dieses Monats Januar einer der jüngsten Kunden. Außerdem war er nicht im Ruhestand, sondern im vorzeitigen Ruhestand oder in der Umschulung, irgendetwas in der Art. Nachdem er allen von seiner beruflichen Vergangenheit in der Tourismusbranche erzählt hatte, war es ihm gelungen, sich beim Betreuerteam Ansehen zu verschaffen. »Ich habe die Eröffnung des ersten Club Med in Senegal mitgemacht«, pflegte er in Erinnerung zu rufen. Dann summte er vor sich hin, einen Tanzschritt andeutend: »Ich geh mich amüsieren in See-nee-ga-l/mit Freundin und Riva-l.« Kurz, der Kerl war schwer in Ordnung. Ich war jedoch überhaupt nicht überrascht, als man am folgenden Morgen seinen Leichnam fand, der im lagunenförmigen Swimmingpool auf und ab trieb.

Calais, Pas-de-Calais

Wie ich sehe, ist jeder erwacht[3], so nutze ich den Augenblick, um auf eine kleine Petition hinzuweisen, die meiner Meinung nach von den Medien nicht ausreichend verbreitet wurde: die Petition von Robert Hue und Jean-Pierre Chevènement, in der sie die Durchführung eines Referendums über die Einheitswährung verlangen. Es stimmt zwar, dass die kommunistische Partei nicht mehr das ist, was sie einmal war, und dass Jean-Pierre Chevènement, wenn überhaupt, nur sich selbst vertritt. Das tut der Tatsache jedoch keinen Abbruch, dass sie sich einem Wunsch der Mehrheit anschließen und dass Jacques Chirac dieses Referendum versprochen hatte. Was ihn zum gegenwärtigen Zeitpunkt technisch gesehen zu einem Lügner macht.

Ich habe nicht den Eindruck, eine außergewöhnliche analytische Finesse an den Tag zu legen, wenn ich diagnostiziere, dass wir in einem Land leben, dessen Bevölkerung verarmt, und dass diese das Gefühl hat, dass sie immer mehr verarmt, und darüber hinaus davon überzeugt ist, dass alles Unheil vom internationalen ökonomischen Wettbewerb herrührt (einzig deswegen, weil sie den »internationalen ökonomischen Wettbewerb« gerade verliert). Noch vor wenigen Jahren war Europa den meisten egal. Es handelte sich um ein Projekt, das weder den geringsten Widerspruch noch die geringste Begeisterung auslöste. Heute ist offenbar geworden, dass es, sagen wir, bestimmte Nachteile hat, und man hat eher das Gefühl, dass es auf zunehmende Ablehnung stößt. Ich erinnere daran, dass das 1992 abgehaltene Referendum über Maastricht beinahe nicht stattgefunden hätte (die historische Siegespalme der Verachtung gebührt zweifellos Valéry Giscard d'Estaing, der der Meinung war, das Vorhaben sei »zu komplex, um einer Abstimmung unterzogen zu werden«) und dass es, nachdem man sich seine Durchführung abgerungen hatte, beinahe mit einem NEIN geendet hätte, während die gesamte politische Klasse und die verantwortlichen Medien dazu aufgerufen hatten, mit JA zu stimmen.

Diese tief verankerte und beinahe unglaubliche Hartnäckigkeit der politischen »Regierungsparteien«, mit einem Projekt fortzufahren, das niemanden interessiert und das die meisten sogar anzuekeln beginnt, kann an sich schon zahlreiche Dinge erklären. Ich persönlich habe Mühe, die erwünschte Emotion zu empfinden, wenn man mir von unseren »demokratischen Werten« erzählt. Meine erste Reaktion besteht eher darin, laut aufzulachen. Wenn man mich auffordert, zwischen Chirac und Jospin (!) zu wählen, und sich weigert, mich in Sachen

Einheitswährung nach meiner Meinung zu fragen, dann bin ich mir einer Sache sicher, nämlich der, dass wir uns *nicht* in einer Demokratie befinden. Nun gut, die Demokratie ist vielleicht nicht die beste der Regierungsformen, sie öffnet, wie man so schön sagt, »gefährlichen populistischen Verirrungen« Tür und Tor. Wenn dem so ist, würde ich es allerdings vorziehen, dass man uns klipp und klar sagt: Über die wichtigen Kursrichtungen wurde seit Langem entschieden, sie sind weise und richtig, Sie können sie gar nicht richtig verstehen. Es besteht jedoch für Sie die Möglichkeit, der zukünftigen Regierung in der Zusammensetzung – je nach Sensibilität – diese oder jene politische Färbung zu geben.

Dem *Figaro* vom 25. Februar entnehme ich interessante Statistiken, die das Département Pas-de-Calais betreffen. 40 % der Bevölkerung lebt unter der Armutsschwelle (Zahlen des statistischen Nationalamts). Sechs von zehn Haushalten entrichten keine Einkommenssteuer. Wider Erwarten erzielt der Front National nur mittelmäßige Ergebnisse, die ausländische Bevölkerung nimmt allerdings ständig ab (während die Geburtenzahlen deutlich über dem Landesdurchschnitt liegen). Der Abgeordnete und Bürgermeister von Calais ist ein Kommunist, der die interessante Besonderheit aufweist, als Einziger gegen den Verzicht auf die Diktatur des Proletariats gestimmt zu haben.

Calais ist eine beeindruckende Stadt. Gewöhnlich gibt es in einer Provinzstadt dieser Größe ein historisches Zentrum, Fußgängerzonen, die sich am Samstagnachmittag beleben, usw. In Calais findet man nichts von alldem. Die Stadt wurde während des Zweiten Weltkriegs zu 95 % zerstört. Und in den Straßen ist am Samstagnachmittag niemand zu sehen.

Man läuft an verlassenen Gebäuden, an riesigen leeren Park-
plätzen entlang (es handelt sich mit Sicherheit um die Stadt
in Frankreich, in der das Parken am leichtesten ist). Der Sams-
tagabend ist etwas fröhlicher, diese Fröhlichkeit jedoch spe-
ziell. Fast jeder ist betrunken. Im Kneipenviertel befindet sich
ein Kasino mit Reihen von Geldmaschinen, an denen die Be-
wohner von Calais ihr Mindestgehalt verjubeln. Der Ort, an
dem man am Sonntagnachmittag spazieren geht, ist der Eingang zum Tunnel unter dem Ärmelkanal. Hinter den Zäunen
sehen die Leute – meist mit Familie, mitunter mit Kinderwa-
gen – den Eurostar vorbeifahren. Mit der Hand geben sie dem
Zugführer ein Zeichen, der ihnen hupend antwortet, bevor
das Meer ihn verschluckt.

Großstadtkomödie

Die Frau sprach davon, sich zu erhängen; der Mann trug
bequeme Kleidung. In Wirklichkeit erhängen sich Frauen
nur selten. Sie halten Schlafmitteln die Treue. »Topniveau«:
Es war Topniveau. »Man muss sich verändern«: warum? Zwischen uns verloren die Kissen der Sitzbank ihre Eingeweide.
Das Paar stieg in Maisons-Alfort aus. Neben mich setzte sich
ein ungefähr siebenundzwanzig Jahre alter »Künstler«. Er
war mir von vornherein unsympathisch (vielleicht sein Ka-
dogan oder sein kleiner schräger Bart; vielleicht auch eine
vage Ähnlichkeit mit Maupassant). Er faltete einen Brief von
mehreren Seiten auseinander und begann mit seiner Lektüre. Der Zug näherte sich der Station Liberté. Der Brief war
auf Englisch geschrieben. Wahrscheinlich war er von einer

Schwedin an ihn gerichtet worden. (Ich überprüfte es noch am selben Abend in meinem illustrierten Larousse. Uppsala befindet sich in der Tat in Schweden, die Stadt zählt einhundertdreiundfünfzigtausend Einwohner und eine alteingesessene Universität. Viel mehr scheint es zu ihr nicht zu sagen zu geben.) Der Künstler las langsam, sein Englisch war mittelmäßig, ich hatte keine Mühe, die Einzelheiten der Geschichte zu rekonstruieren (mir wurde flüchtig klar, dass mein Anstandsgefühl daran Anstoß nahm, aber schließlich ist die Metro ein öffentlicher Raum, oder etwa nicht?). Offensichtlich hatten sie sich im letzten Winter in Chamrousse kennengelernt (was für eine Idee auch, eine Schwedin, die in den Alpen Ski fährt!?). Diese Begegnung habe ihr Leben verändert. Sie denke nur noch an ihn und versuche übrigens gar nicht, etwas anderes zu tun (an dieser Stelle grinste er unerträglich eitel, machte es sich auf dem Sitz noch bequemer, strich sich über den Bart). Man spürte in ihren Worten, dass sie Angst zu haben begann. Sie wäre zu allem bereit, um ihn wiederzusehen, sie ziehe in Betracht, eine Arbeit in Frankreich zu suchen, jemand könne sie vielleicht beherbergen, es gebe Möglichkeiten als Au-pair-Mädchen. Mein Nachbar zog verärgert die Augenbrauen hoch. Er sah sie in der Tat jeden Tag auftauchen, man spürte, dass sie zu so etwas durchaus in der Lage war. Sie wisse, dass er sehr beschäftigt sei, dass er viel Arbeit habe (was mir zweifelhaft erschien – es war immerhin drei Uhr nachmittags, und der Kerl schien es nicht gerade eilig zu haben). In diesem Moment warf er einen etwas trüben Blick um sich, aber wir befanden uns erst an der Station Daumesnil. Der Brief schloss mit folgendem Satz: »*I love you and I don't want to lose you.*« Ich fand das ausgesprochen schön. Es gibt Tage, an denen ich gern so schreiben würde. Sie hatte mit »*Yours Ann-Katrin*« unterschrieben und um ihre Unterschrift Herzchen gemalt. Es war Freitag, der 14. Februar, Sankt-Valentins-Tag (es heißt, dass dieser ursprünglich angelsächsische Handelsbrauch in den nordischen Ländern großen Anklang gefunden hat). Ich sagte mir, dass die Frauen manchmal wirklich mutig sind.

Der Kerl stieg an der Bastille aus, ich auch. Einen Augenblick hatte ich Lust, ihm zu folgen (ging er in eine Tapasbar oder was?), aber ich hatte einen Termin mit Bertrand Leclair von *La Quinzaine littéraire*. Ich hatte in Erwägung gezogen, für meine Chronik mit Bertrand Leclair eine Polemik über Balzac zu entfachen. Zunächst, weil ich das »Balzacsche«, ein Adjektiv, mit dem er sich von Zeit zu Zeit über diesen oder jenen Romancier lustig macht, nicht im Geringsten abschätzig finde; dann, weil ich die Polemiken über Céline, einen überbewerteten Autor, ein wenig satthabe. Letztlich hat Bertrand aber keine große Lust mehr, Balzac zu kritisieren. Im Gegenteil, er ist von dessen großer Freiheit erstaunt. Er denkt anscheinend, dass es nicht unbedingt einer Katastrophe gleichkäme, wenn wir heute Balzacsche Romanciers hätten. Wir stimmen darin überein, dass ein Romancier solchen Schlages zwangsläufig viele Klischees produziert; dass es eine andere Frage ist, ob diese Klischees heute noch Gültigkeit haben; dass es angebracht ist, dies in jedem einzelnen Fall zu untersuchen. Ende der Polemik. Ich denke an diese arme Ann-Katrin, von der ich mir vorstelle, dass sie die pathetischen Züge Eugénie Grandets hat (es ist der Eindruck der außergewöhnlichen Vitalität, die alle Romangestalten Balzacs ausstrahlen, seien sie erschütternd oder abscheulich). Da sind zum einen jene, die nicht totzukriegen sind, die in jedem Buch wieder auftauchen (schade, dass er Bernard Tapie nicht gekannt hat). Da sind zum andern jene erhabenen Gestalten, die man sofort im Gedächtnis behält – eben gerade, weil sie erhaben sind und dennoch real. Balzac, ein Realist? Man könnte genauso gut »Romantiker« sagen. Wie dem auch sei, ich glaube nicht, dass er sich heute fehl am Platze fühlen würde. Schließlich gibt es im Leben noch immer Elemente eines wirklichen Melodramas. Übrigens vor allem im Leben der anderen.

Nur eine Gewohnheitsfrage

Am Samstagnachmittag organisierte das Festival für Romandebüts in Chambéry aus Anlass der Buchmesse eine Debatte zum Thema »Ist das Romandebüt ein Handelsprodukt geworden?« Für die Sache waren anderthalb Stunden vorgesehen, leider gab Bernard Simeone sofort die richtige Antwort, sie lautete JA. Er erklärte sogar klar die Gründe dafür: Die Öffentlichkeit brauche in der Literatur wie anderswo auch neue Gesichter (ich glaube übrigens, er benutzte den brutaleren Ausdruck »frisches Fleisch«). Es sei kein Verdienst, die Dinge klar zu sehen, entschuldigte er sich. Er verbringe die Hälfte seines Lebens in Italien, einem Land, das ihm in vielerlei Hinsicht wie die *Avantgarde des Schlimmsten* erscheine. Danach schweifte die Debatte ab, man sprach über die Rolle der Literaturkritik, ein verworreneres Thema.

Konkret geht die Sache Ende August los, mit Slogans wie »Der neue Romancier ist da« (Gruppenfoto auf dem Pont des Arts oder in einer Autowerkstatt in Maisons-Alfort) und endet im November mit der Übergabe der Preise. Danach gibt es den neuen Beaujolais, das Weihnachtsbier, all das ermöglicht es, bis zu den Festtagen durchzuhalten. Das Leben ist nicht so schwer, es ist nur eine Gewohnheitsfrage. Nebenbei sei die Hommage betont, die die Industrie der Literatur erweist, denn sie assoziiert die literarischen Wonnen mit der dunkelsten Periode, mit dem Beginn des Winters, mit dem Beginn des Tunnels. Roland-Garros dagegen wird eher im Juni organisiert. Ich bin jedenfalls der Letzte, der meine Kollegen kritisieren würde, die alles Mögliche tun, ohne jemals genau zu verstehen, was man von ihnen verlangt. Ich persönlich hatte viel Glück. Nur mit *Capital,* der Zeitschrift der Gruppe Ganz (die ich übrigens mit der Sendung gleichen Namens auf M6 verwechselte), gab es einen kleinen Ausrutscher. Das Mädel hatte keine Kamera dabei, was mich hätte stutzig machen müssen. Ich war immerhin überrascht, als sie mir gestand, dass sie keine einzige Zeile gelesen hatte. Erst als ich später das Sonderheft »Kader am Tag, Schriftsteller in der Nacht: nicht leicht, es mit Proust oder Sulitzer aufzunehmen« las (in dem meine Kommentare, ganz nebenbei, nicht abgedruckt worden waren), begriff ich. In Wirklichkeit wollte sie, dass ich ihr meine *wunderbare Geschichte* erzählte. Das hätte sie mir vorher sagen sollen, dann hätte ich etwas vorbereiten können, mit Maurice Nadeau als altem besoffenen König und Valérie Taillefer in der Rolle der kleinen Glöckchenfee. »Geh zu Nadd-hô, mein Sohn. Er ist der Talisman, das Gedächtnis, der Hüter unserer heiligsten Traditionen.« Oder mehr in Richtung *Rocky,* in Richtung Gehirnversion: »Mit seiner Tabellenkalkulation gerüstet, kämpft er am Tage mit den *tightflows;* in der Nacht dagegen klopft er mit seinem Textverarbeitungsprogramm die Periphrasen ab. Seine einzige Stärke: der Glaube an sich selbst.« Stattdessen war ich unbedacht offen, ja aggressiv. Man kann keine Wunder erwarten, wenn man uns nicht das Konzept erklärt. Es stimmt zwar, dass ich mir die Zeitschrift hätte besorgen müssen, aber ich hatte keine Zeit (bemerkenswert ist, dass *Capital* vor allem von Arbeitslosen gelesen wird, eine Tatsache, die mich nicht wirklich zum Lachen bringt).

Ein anderes, beunruhigenderes Missverständnis, später, in einer der Stadtbibliotheken von Grenoble. Wider Erwarten hat die Politik zur Förderung der Lektüre bei den Jugendlichen vor Ort Erfolg. Viele Wortmeldungen in der Art von »He, Monsieur Schriftsteller, du gibst mir 'ne Botschaft, du gibst mir Hoffnung!« Erstaunen der am Tisch sitzenden Schriftsteller. Übrigens keine prinzipielle Ablehnung. Nach und nach erinnern sie sich, dass eine der möglichen Aufgaben des Schriftstellers in längst vergangenen Zeiten in der Tat ... aber so, mündlich, in zwei Minuten?

»Da steht nicht Bruel geschrieben«, murmelt jemand, dessen Namen ich vergessen habe. Wenigstens sie haben anscheinend Bücher gelesen.

Zum Abschluss gab es glücklicherweise die präzise, leuchtende, ehrliche Rede von Jacques Charmetz, der das Festival von Chambéry (vor gar nicht langer Zeit, als das Romandebüt noch mehr war als ein Konzept) ins Leben gerufen hat: »Dafür sind sie nicht zuständig. Fragt sie, ob ihr eine bestimmte Form von Wahrheit wollt, sei sie allegorisch oder real. Fragt sie, ob ihr an die Wunden rühren und wenn möglich Salz hineinstreuen wollt.« Ich zitiere aus dem Gedächtnis, aber dennoch: Danke.

»Er existiert nicht. Verstehst du? Er existiert nicht.«

»Ja, ich verstehe.«

»Ich existiere. Du existierst. Aber er existiert nicht.«

Nachdem sie die Nicht-Existenz von Bruno nachgewiesen hatte, streichelte die vierzigjährige Frau zärtlich die Hand ihrer weit jüngeren Gefährtin. Sie ähnelte einer Feministin, sie trug im Übrigen auch den Pullover einer Feministin. Die andere schien Varietésängerin zu sein, an einer Stelle sprach sie von Galavorstellungen (oder vielleicht von Jammervorstellungen, ich habe sie nicht sehr gut verstanden). Während sie vor sich hin nuschelte, gewöhnte sie sich langsam an Brunos Verschwinden. Leider versuchte sie gegen Ende der Mahlzeit, die Existenz von Serge nachzuweisen. Pullover regte sich heftig darüber auf.

»Kann ich dir weiter davon erzählen?«, fragte die andere schüchtern.

»Ja, aber mach's kurz.«

Nachdem sie gegangen waren, holte ich eine umfangreiche Mappe mit Zeitungsausschnitten hervor. Seit vierzehn Tagen versuchte ich zum zwanzigsten Mal, mich von den Aussichten des menschlichen Klonens terrorisieren zu lassen. Man muss sagen, dass sich die Sache schlecht anlässt, mit diesem braven schottischen Schaf (das zudem, wie man in den Nachrichten auf TF1 hat feststellen können, verblüffend normal blökt). Wenn das Ziel darin bestand, uns Angst zu machen, wäre es sinnvoller gewesen, Spinnen zu klonen. Ich versuche, mir zwanzig über den Planeten verstreute Wesen vorzustellen, die den gleichen genetischen Code tragen wie ich.

Ich bin verwirrt, das stimmt (sogar Bill Clinton ist verwirrt, das will was heißen), aber terrorisiert, nein, nicht gerade. Ist es so weit gekommen, dass mir mein genetischer Code egal geworden ist? Auch das nicht. »Verwirrt« ist ganz entschieden das richtige Wort. Nach der Lektüre einiger Artikel wird mir klar, dass das Problem woanders liegt. Im Gegensatz zu dem, was die Leute gedankenlos wiederholen, ist die Behauptung falsch, derzufolge »sich die beiden Geschlechter unabhängig voneinander fortpflanzen können«. Zum gegenwärtigen Zeitpunkt kommt man um die Frau »nicht herum«, wie *Le Figaro* zutreffend unterstreicht. Dagegen ist wahr, dass der Mann zu so gut wie nichts mehr gut ist (eine Beleidigung bei der Sache ist übrigens, dass das Spermatozoon durch einen »leichten elektrischen Schlag« ersetzt wird; das wirkt ein wenig cheap). Wozu sind Männer im Grunde gut? Vorstellbar ist, dass in vergangenen Zeiten, als es zahlreiche Bären gab, die Männlichkeit eine spezifische und unersetzliche Rolle spielte. Und heute, fragt man sich?

Das letzte Mal hörte ich von Valérie Solanas in *Flowers;* einem Buch von Michel Bulteau, der sie 1976 in New York getroffen hatte. Das Buch ist dreizehn Jahre später geschrieben worden. Die Begegnung hat ihn sichtlich erschüttert. Er beschreibt ein Mädchen »mit grünlicher Haut, verdreckten Haaren, bekleidet mit einer Blue Jeans und einer vor Dreck starrenden Drillichjacke«. Sie bedauerte es überhaupt nicht, auf Andy Warhol, den Vater des künstlerischen Klonens, geschossen zu haben: »Wenn ich diesen Schuft wiedersehen sollte, bin ich imstande, von vorn zu beginnen.« Noch weniger bedauerte sie, die SCUM-Bewegung *(Society for Cutting Up Men)* ins Leben gerufen zu haben, und bereitete sich darauf vor, auf ihr Manifest Taten folgen zu lassen. Seitdem herrscht Schweigen im Lande. Ist sie etwa tot? Noch seltsamer ist, dass das berühmte Manifest aus den Buchhandlungen verschwunden ist. Will man sich eine fragmentarische Vorstellung von ihm machen, ist man gezwungen, bis spätabends Arte anzuschauen und Delphine Seyrigs Stimme zu ertragen. Es lohnt sich, trotz all dieser Unannehmlichkeiten: Die Auszüge, die ich hören konnte, sind wirklich beeindruckend. Heute sind dank Dolly, dem Schaf der Zukunft, die technischen Bedingungen dafür gegeben, Valérie Solanas' Traum zu verwirklichen: eine Welt, die sich ausschließlich aus Frauen zusammensetzt. (Übrigens entwickelte die spritzige Valérie Ideen zu ganz verschiedenen Themen: »Wir fordern die sofortige Abschaffung des Währungssystems«, schrieb ich mir nebenbei auf. Wirklich, es ist Zeit, diesen Text neu zu verlegen.)

(Indessen schläft der verschlagene Andy in flüssigem Stickstoff, in Erwartung einer äußerst hypothetischen Wiederauferstehung.)

Für die, die es interessiert: Es ist möglich, dass das Experiment demnächst in Angriff genommen wird, vielleicht in kleinerem Maßstab. Ich hoffe, die Männer werden es verstehen, in aller Ruhe zu verschwinden. Trotzdem ein letzter Ratschlag, um auf einer soliden Grundlage zu beginnen: Vermeiden Sie, Valérie Solanas zu klonen.

Die Bärenhaut

Letzten Sommer, ungefähr Mitte Juli, verkündete Bruno Masure in den 20-Uhr-Nachrichten, dass eine amerikanische Sonde gerade Spuren fossilen Lebens auf dem Planeten Mars entdeckt hätte. Es bestünden keine Zweifel: Die Millionen von Jahren alten Moleküle, deren Gegenwart man gerade entdeckt hatte, seien biologische Moleküle, denen man außerhalb lebender Organismen nie begegnet sei. Im vorliegenden Fall handle es sich bei den Organismen um Bakterien, wahrscheinlich um Methanbakterien. Nachdem er dies ausgeführt hatte, ging er zum nächsten Thema über. Der Fund interessierte ihn sichtlich weniger als Bosnien. Diese geringe Beachtung durch die Medien scheint gerechtfertigt durch den unspektakulären Charakter des bakteriellen Lebens. Die Bakterie führt in der Tat ein friedliches Leben. Sie wächst, indem sie der Umgebung eine einfache und wenig abwechslungsreiche Nahrung entnimmt. Dann pflanzt sie sich recht eintönig fort, nämlich durch fortwährende Teilung. Die Qualen und Wonnen der Sexualität bleiben ihr für immer unbekannt. Solange die Bedingungen günstig sind, fährt sie mit der Fortpflanzung fort *(Jahve zieht sie vor in seinem Angesicht, und ihre Nachkommen sind zahlreich)*. Dann stirbt sie. Kein unbedachter Ehrgeiz besudelt ihre begrenzte und vollkommene Wegstrecke. Die Bakterie ist schließlich keine Balzacsche Figur. Sicher, es kann passieren, dass sie in einem Gastorganismus ein ruhiges Leben führt (zum Beispiel in dem des Teckels) und dass der betroffene Organismus darunter leidet, ja, völlig von ihr zerstört wird. Der Bakterie ist das jedoch überhaupt nicht bewusst, und die Krankheit, deren aktiver Träger sie ist, gedeiht, ohne dass dies ihren inneren Frieden beeinträchtigen würde. Die Bakterie ist als solche fehlerlos; sie ist ebenfalls völlig uninteressant.

Das Ereignis blieb als solches bestehen. Auf einem Planeten nahe der Erde konnten sich biologische Makromoleküle zusammenschließen, vage, sich ungeschlechtlich fortpflanzende Strukturen herausbilden, die sich aus einem primitiven Kern und einer unbekannten Membran zusammensetzten. Dann hörte alles auf, wahrscheinlich unter dem Einfluss eines Klimawechsels. Die Fortpflanzung wurde immer schwieriger, bevor sie völlig zum Stillstand kam. Die Geschichte des Lebens auf dem Mars stellte sich als eine bescheidene Geschichte heraus. Dieser winzige Bericht über einen ein wenig kraftlosen Misserfolg widersprach heftig sämtlichen mythischen oder religiösen Konstrukten, an denen sich die Menschheit gewöhnlich ergötzt. Es gab keinen einzigartigen, grandiosen Akt der Schöpfung, es gab kein auserwähltes Volk, nicht einmal eine auserwählte Gattung oder einen auserwählten Planeten. Es gab im Universum lediglich überall unsichere und im Allgemeinen wenig überzeugende Versuche. All das war zudem unerträglich monoton. Die DNS der auf dem Mars gefundenen Bakterien entsprach genau der DNS der irdischen Bakterien. Diese Feststellung vor allem war es, die mich irgendwie traurig stimmte, in solchem Maße schien diese radikale genetische Identität ermüdende historische Übereinstimmungen zu versprechen. Hinter der Bakterie spürte man summa summarum bereits den Tutsi oder den Serben, mit einem Wort all jene Leute, die sich in genauso langwierigen wie endlosen Konflikten verzetteln.

Das Leben auf dem Mars hatte immerhin die extrem gute

Idee, aufzuhören, bevor es größeren Schaden angerichtet hatte. Vom Beispiel des Mars ermutigt, begann ich, ein schnelles Plädoyer für die Vernichtung der Bären abzufassen. Damals hatte man in den Pyrenäen erneut ein Bärenpärchen ausgesetzt, was die Unzufriedenheit der Schafzüchter hervorrief. Der Starrsinn, mit dem man diese Sohlengänger dem Nichts entreißen wollte, hatte in der Tat etwas Perverses, etwas Ungesundes. Natürlich wurde die Maßnahme von den Umweltschützern unterstützt. Man hatte erst das Weibchen, dann einige Kilometer davon entfernt das Männchen ausgesetzt. Diese Leute waren wirklich lächerlich. Keinerlei Würde.

Als ich mich mit meinem Projekt der Vernichtung der stellvertretenden Direktorin einer Kunstgalerie anvertraute, setzte sie mir ein originelles, vom Wesen her eher kulturgeschichtliches Argument entgegen. Ihr zufolge müsste der Bär geschützt werden, weil er im Gedächtnis der Menschheit zur ältesten Kultur gehöre. Die beiden ältesten bekannten Darstellungen seien in der Tat ein Bär und ein weibliches Geschlecht. Die jüngsten Datierungen gäben dem Bären sogar einen leichten Vorsprung. Das Mammut, der Phallus? Sie seien viel, viel jüngeren Datums. Das käme gar nicht in Betracht. Diesem glaubwürdigen Argument beugte ich mich. So sei es, legen wir uns ins Zeug für die Bären. Für die Sommerferien empfehle ich Lanzarote, das dem Planeten Mars sehr ähnlich sieht.

ANMERKUNGEN

Jacques Prévert ist ein Arschloch

1   *Der Klassenkampf in Frankreich*

Ansätze für wirre Zeiten

2   Stilmittel, bei dem eine in die Haupthandlung eingeschobene Nebenhandlung ein Bild oder ein Motiv der Haupthandlung aufgreift, in miniatura identisch reproduziert und damit die Haupthandlung widerspiegelt.

Tote Zeiten

3   Anspielung an das »Erwachen der Bürger«, Titelseite der vorhergehenden Ausgabe der *Inrockuptibles* (in Bezug auf die Affäre der »sans-papiers«, der illegalen Einwanderer, die die Legalisierung ihres Aufenthalts in Frankreich forderten).

ICH HABE EINEN TRAUM.

NEUE INTERVENTIONEN

DIE FRAGE DER PÄDOPHILIE

Dieser Text erschien im Zuge der Dutroux-Affäre in der Zeitschrift L'Infini *(Nr. 59/1997) als Teil eines Dossiers, das sich mit Fragen von Kinderschutz und Pädophilie auseinandersetzt. Der Autor antwortete darin auf folgenden Fragebogen:*

I – Wie erklären Sie sich das große Aufsehen, das die Affäre Dutroux erregt hat? Was versteht man Ihrer Ansicht nach heutzutage unter einem Kind? Was versteht man unter einem Pädophilen?

II – Hatten Sie als Minderjähriger eine Liebesbeziehung zu einem Erwachsenen? Welche Erinnerung haben Sie daran? Haben Sie persönlich Erinnerungen an eine Form kindlicher Sexualität?

III – Sind Sie der Meinung, dass die Fachleute und Interessenvertreter von Kindern uns alles sagen? Haben Sie etwas hinzuzufügen?

Die Formulierung Ihrer Fragen empfinde ich als eine subtile Einladung zu einem politisch unkorrekten Diskurs, der vermutlich die Sexualtriebe herauskehren soll, von denen die Kindheit angeblich begleitet wird. Darauf werde ich mich nicht einlassen. In Wirklichkeit gibt es in der Kindheit keine Sexualtriebe. Es handelt sich dabei ganz schlicht um eine Erfindung. In allen von den Medien so selbstgefällig geschilderten Affären ist das Kind uneingeschränkt und vollends ein Opfer. Es ist aber auch eine Tatsache, dass die Hartnäckigkeit, mit der immer wieder auf Pädophilie und Inzest zurückgegriffen wird, für ein gewisses Wohlbefinden sorgt. Mir scheint, als sei der Pädophile der ideale Sündenbock einer Gesellschaft, die alles dafür tut, die Begierde zu wecken, ohne die Mittel zu ihrer Befriedigung bereitzustellen. In gewisser Hinsicht ist das normal (die Werbung wie die Wirtschaft allgemein beruhen auf dem Wecken von Begierde und nicht auf ihrer Befriedigung). Dennoch halte ich es für hilfreich, an folgende, offensichtliche Wahrheit zu erinnern: So wie die Sexualökonomie derzeit beschaffen ist, hat ein reifer Mann zwar Lust auf Sex, doch er hat weder mehr die Möglichkeit, Sex zu haben, noch das Recht. So gesehen ist es nicht besonders erstaunlich, wenn er sich an dem einzigen Wesen vergreift, das ihm keinen Widerstand entgegenzusetzen vermag: dem Kind.

Der ideale Pädophile ist zweiundfünfzig Jahre alt. Er hat eine Glatze und einen Bauch. Er ist kaufmännischer Angestellter in einem Unternehmen, das nicht gut läuft. Häufig ist er in einem halb besiedelten Vorort mit trostloser Umgebung zu Hause. Er hat nicht das geringste Bedürfnis nach Veränderung. Er ist seit siebenundzwanzig Jahren mit einer Frau seines Alters verheiratet, ist praktizierender Katholik und unter seinen Nachbarn als anständiger Mensch bekannt. Sein Sexualleben ist alles andere als ein Feuerwerk.

Der Pädophile entdeckt zunächst die Pornographie, zu deren eifrigem Konsumenten er wird. Seine Qualen verschlimmern sich auf diese Weise beträchtlich, die Kaufkraft seines Haushalts dagegen schwindet. Die Prostitution verschafft ihm nur bedingt Erleichterung. Seine Erektionen sind unzureichend und von kurzer Dauer – sie werden ihm ein Stein des Anstoßes: Er hat zwar bezahlt, doch die Verachtung der Prostituierten macht ihm ein wenig Angst. Meist ist seine Angst vor den Frauen ja auch begründet. Dagegen weiß er, dass er von einem Kind nichts zu befürchten hat. Er wäre selbst gern ein Kind.

Das Kind ist unschuldig, im wahrsten Sinne des Wortes. Es lebt in einer idealen Welt, nämlich jener, die der Entdeckung der Sexualität (und im Übrigen auch der des Geldes) vorausgeht. Nicht mehr lange (nur wenige Jahre noch), aber das weiß es noch nicht. Von seinen Eltern geliebt, ist es in der Tat ein liebenswertes Geschöpf. Es hält die Erwachsenen für weise und gutmütige Wesen. Es täuscht sich.

Die Begegnung zwischen diesen beiden Wesen, dem Pädophilen und dem Kind (dieses das glücklichste Wesen der Welt, da es noch keine Begierde kennt; jener das unglücklichste, da es die Begierde zwar kennt, sie aber nicht ausleben kann), hat alle Voraussetzungen für ein perfektes Melodram. Am Ende dieser Konfrontation ist das Kind definitiv besudelt. Die wenigen Jahre der Unschuld, die Jahre in einer Welt ohne Sexualität, sind ihm gestohlen worden. Den Pädophilen dagegen hat der Sog des Selbstekels ein beträchtliches Stück weiter nach unten gezogen. Seine Festnahme nimmt er mit Erleichterung auf, da sie ihm bestätigt, was er bereits ahnte: Er ist das abscheulichste und zugleich lächerlichste Wesen der Welt. Er ist alt, widerwärtig, sein Gewissen ist belastet –

und er ist nicht einmal Schriftsteller! Er ist der Erste, der nach seiner Kastration verlangt. Er hat endlich begriffen, was alle um ihn herum seit langem wussten: Wird man selbst nicht mehr begehrt, hat man auch kein Recht mehr auf Begierde. Dieser von ihm begangene Fehler wird ihn teuer zu stehen kommen. Jahrelang wird er von den anderen Gefangenen sodomisiert, geschlagen und gedemütigt werden. Selbst in der Gefängnishierarchie steht er ganz unten. (Der Mörder, ein gefährliches Raubtier, wird als solches respektiert. Doch um sich an einem Kind zu vergreifen, denken seine Mitgefangenen zu Recht, braucht es eine gehörige Dosis an Elend und Feigheit.)

Da ich weder pädophil noch Opfer eines Pädophilen bin, fühle ich mich von Ihren Fragen im Grunde nicht direkt angesprochen. Ich persönlich habe das sexuelle Verlangen in einem normalen Alter entdeckt (wenn ich mich richtig erinnere, um meinen dreizehnten Geburtstag herum). Ich schätze mich glücklich, nicht früher initiiert und daher von dem Phänomen gewissermaßen wie von einer Naturkatastrophe überfallen worden zu sein – das macht es mir unmöglich, jemandem die Schuld in die Schuhe zu schieben. Natürlich hätte ich es vorgezogen, wenn man mir noch ein paar Jahre Aufschub gewährt hätte. Das hält mich nicht davon ab, es lächerlich zu finden, wenn bei Affären mit sechzehn- oder siebzehnjährigen Mädchen von Pädophilie die Rede ist (ein Sprachmissbrauch, den ich mehrmals in den TF1-Nachrichten habe beobachten können). Auch der Fragebogen, in dem abwechselnd die Begriffe »Minderjähriger« und »Kind« benutzt werden, fördert diese Zweideutigkeit. Zwischen der Kindheit und dem Erwachsenenalter liegt eine wichtige Etappe, die *Adoleszenz.* Die Adoleszenz ist in unseren heutigen Gesellschaften kein nebensächliches Übergangsstadium. Sie ist im Gegenteil das Stadium, in dem wir heute und praktisch bis zu unserem Tod zu leben verdammt sind, auch wenn unsere körperliche Hülle allmählich altert.

DIE MENSCHHEIT, PHASE 2

Dieser Text erschien als Nachwort zu Valerie Solanas' Werk
SCUM Manifesto *(Editions Mille et une nuits, 1998).*

Ich für meinen Teil habe Feministinnen immer für liebenswerte und prinzipiell harmlose Idiotinnen gehalten, die ihr
entwaffnender Mangel an Hellsichtigkeit leider gefährlich
gemacht hat. So kämpften sie in den siebziger Jahren für Ver-
hütungsmittel, Abtreibung, sexuelle Freiheit und so weiter,
ganz so, als sei das »patriarchalische System« eine boshafte
Erfindung der Männerwelt gewesen. In Wahrheit bestand
das historische Ziel der Männer ganz offensichtlich darin, ein
Höchstmaß an Perlen zu bumsen, ohne sich eine Familie auf-
zuhalsen. Die Naivität der armen Mädels ging so weit, dass
sie glaubten, die Lesbenliebe – eine von praktisch allen akti-
ven Heterosexuellen geschätzte erotische Würze – sei eine
gefährliche Infragestellung der Männermacht. Das Traurigste
an der Sache aber ist, dass sie einen unverständlichen Appetit
für Berufsleben und Unternehmenskultur an den Tag legten.
Die Männer, die seit langem wussten, was es mit der von der
Arbeit offerierten »Freiheit« und »Selbstverwirklichung« auf
sich hat, grinsten nur milde.

Die Ergebnisse sind erschütternd. Dreißig Jahre nach den
Anfängen des Massenfeminismus sind die Frauen nicht nur
massiv in die Unternehmen eingezogen, sie vollbringen dort

auch alle wesentlichen Aufgaben. (Jeder, der einmal gearbeitet hat, weiß, wie es um diese Dinge bestellt ist: Männliche Angestellte sind dumm, faul, streitsüchtig, undiszipliniert und in der Regel unfähig, sich in den Dienst einer kollektiven Aufgabe zu stellen.) Da der Markt der Begierde sein Imperium beträchtlich ausgeweitet hat, müssen sie gleichzeitig – und das mitunter jahrzehntelang – ihr »Verführungskapital« pflegen. Für ein Ergebnis, das insgesamt wenig überzeugt (der Alterungsprozess lässt sich im Großen und Ganzen nicht aufhalten), wenden sie wahnsinnige Mengen von Kraft und Geld auf. Da sie zudem nicht im Geringsten auf ihre Mutterrolle verzichtet haben, müssen sie das Kind oder die Kinder, die sie den Männern, welche ihren Weg gekreuzt haben, zu entlocken vermochten, zum Schluss allein erziehen. Besagte Männer haben sie unterdessen für eine Jüngere verlassen; und die, denen es gelungen ist, eine Unterhaltszahlung zu erlangen, dürfen sich noch glücklich schätzen. Zusammenfassend lässt sich sagen: Die unendliche Arbeit der Domestizierung, welche die Frauen in den vergangenen Jahrtausenden geleistet haben, um den primitiven Hang des Mannes zu Gewalttätigkeit, Fickerei, Sauferei und Glücksspiel zu unterdrücken und aus ihm eine des Soziallebens halbwegs fähige Kreatur zu machen, wurde innerhalb einer Generation zunichte gemacht.

Das Ziel der Feministinnen (als »freie und gleichwertige« Mitglieder in die Männergesellschaft einzuziehen, auch auf die Gefahr hin, dafür einen Teil ihrer Weiblichkeit opfern zu müssen) ist zumindest im Westen erreicht worden. Das Ziel der Valerie Solanas (die Vernichtung der Männergesellschaft und ihre Ersetzung durch eine Gesellschaft, die auf gegenteiligen Werten beruht), war gelinde gesagt ein gänzlich anderes. Schon auf den ersten Seiten von *SCUM Manifesto* spürt man, dass man es mit dem Text eines ganz anderen Kalibers zu tun hat. Auf das liebenswerte Geplapper einer Simone de Beauvoir (ihr berühmter Ausspruch »Man wird nicht als Frau geboren, man wird es« zeugt vor allem von der krassen Ignoranz biologischer Grundsätze) folgt eine realistische und vom gesunden Menschenverstand eingegebene Position: Die Unterschiede zwischen Mann und Frau sind im Wesentlichen genetischen und erst dann kulturellen Ursprungs. Diese Frage interessiert Valerie Solanas im Grunde aber nur mäßig: Für sie ist die Frau nicht nur anders als der Mann, sie ist ihm *überlegen*. Der Mann – ein biologischer Unfall, eine verfehlte Frau – ist ein gefühlsmäßiger Krüppel, er ist unfähig, Mitleid oder Liebe zu empfinden oder sich für andere zu interessieren. Zutiefst egozentrisch und auf immer Gefangener seiner selbst, steht er »irgendwo im Niemandsland zwischen Mensch und Affe«. Als unglücklicher, sich seines unangenehmen Äußeren bewusster Affe ist für ihn im Leben nur eins von Interesse, nämlich das frenetische Herauskehren des starken Geschlechts (indem er ein Höchstmaß an Frauen fickt und indem er mit anderen Männern, seinen Leidensgefährten, an sterilen und unheilvollen Wettkämpfen teilnimmt). Kurz gesagt: Der Mann ist ein mit einem Maschinengewehr bewaffneter Affe. Und so ist es ihm seiner egoistischen und gewaltsamen Natur gemäß auch gelungen, die Welt in einen – so die bissige Valerie – »Scheißhaufen« zu verwandeln.

Man ist versucht, diese rasante Geschichtsdeutung als Wahnvorstellung abzutun. Doch im Vergleich zu weit gewichtigeren Theorien (wie etwa dem Marxismus) behauptet sie mühelos das Feld. Ein amüsanter Beleg dafür findet sich in dem »falschen Freund« des englischen Titels *SCUM* (*Society for cutting up men*): Wenn sie *cutting up* lesen, verstehen die meisten Männer zunächst, dass sie kastriert werden sollen. Wenn sie dann erfahren, dass *to cut up* eher »zerstückeln, in Stücke schneiden« bedeutet, sind sie eigenartig beruhigt. Man bekommt eine Vorstellung davon, wie tief die jämmerliche Angst der Männer um ihre berühmte Potenz sitzt. Bemerkenswert ist ebenfalls, dass diejenigen, die ihre ganze Kraft in idiotische Kämpfe stecken (seien es Sportwettkämpfe, ethnische Konflikte, Banden-, Bürger- oder Religionskriege) und dabei die Aufmerksamkeit der Medien ungerechtfertigt und auf Kosten weit wichtigerer Themen auf sich konzentrieren, sich in jeglicher Hinsicht – ihren religiösen Überzeugungen, ihrer Rassenzugehörigkeit, ihren politischen Überzeugungen – voneinander unterscheiden. Das Einzige, was sie nachweisbar gemeinsam haben, wurde von Valerie Solanas treffend hervorgehoben: ihr Geschlecht. Unter den obskuren Idioten, die mit Buschmessern, Panzerfäusten oder Kalaschnikows ihre Spielchen treiben, findet sich keine einzige Frau. Zugleich erscheint eine Frau – und das trotz einer dreißig Jahre während en ununterbrochenen feministischen Propaganda – in einer Geschäftssitzung oder einem Ministerrat noch immer etwas fehl am Platz. Dieses Missverhältnis, so Valerie Solanas, sei der Beweis für ihre grundsätzliche Überlegenheit. Die Frau hat weder den Machtkampf noch den Wettbewerb noch den Krieg erfunden. Das merkt man ihr an.

Man muss zugeben, dass *SCUM Manifesto* nach den ersten, hinreißenden Seiten leider in einen Schwachsinn umkippt, der an Max Stirner oder Schlimmeres erinnert. In Wahrheit stellt sich gleich von Anfang an eine gewisse Unruhe ein, ausgelöst von Valerie Solanas' *außergewöhnlichem* Verständnis der männlichen Psyche. Diese Unruhe nimmt zunehmend Gestalt an, nämlich in Form der typisch männlichen Züge, die sich bei der waghalsigen Pamphletistin bedauerlicherweise beobachten lassen. Da wären zunächst der Größenwahn, die unsägliche Eitelkeit, die irre Selbstüberschätzung (Züge, die sie letztlich fast genauso lächerlich erscheinen lassen wie den späten Nietzsche). Dann die krankhafte Anziehungskraft, die Gewalt, Mord, Verschwörung und »revolutionäres« Treiben auf sie ausüben. Tatsächlich sind diese Züge im Keim von Anfang an vorhanden, so etwa, wenn sie zu dem Schluss kommt, dass die Männer, deren natürliche Unterlegenheit sie für erwiesen hält, ein bedürftiger Teil der Menschheit sind, der vernichtet werden muss. Der Text endet recht übel mit ausgesprochen nazistischen Phantasmen (das beginnt mit der Erwähnung einer »entarteten Kunst« und reicht über den Vorschlag des Einsatzes von Gaskammern bis hin zum Bild der »Nacht der langen Messer«). Und nicht zuletzt scheint Valerie Solanas – darin ganz Kind ihrer Zeit und ihres Landes – verfangen in einem maßlosen Respekt vor dem »Individuum« und der »Freiheit«, für die man vergebens eine überzeugende Definition sucht. Ihre etwas unappetitliche Beschreibung der »freien Frau« – d. h. der *SCUM*-Frau – führt uns zurück in die finstersten Stunden der sechziger Jahre. Das ist umso bedauerlicher, als Valerie mehrmals kurz davorsteht, ein glaubwürdiges Konzept vom Nichtvorhandensein eines individuellen Daseins zu entwickeln; umso bedauerlicher, als sie – wenig beeinflusst von dem in ihrer Zeit so gängigen reaktionären Geschwafel um das »Recht auf Differenz« – energisch für eine wissenschaftliche Verbesserung des Menschen plädiert; umso bedauerlicher, als sie im Gegensatz zu dem kulturalistischen Unsinn über die Ambivalenz und die »Ungewissheit von Identitäten« davon überzeugt bleibt, dass die Lösung der von ihr aufgeworfenen Problemstellungen in der Gentechnik zu suchen ist.

SCUM Manifesto ist mit Sicherheit nicht, wie 1977 von Solanas behauptet, der »beste Text der Geschichte«. Doch muss man einräumen, dass es geradezu verblüffend ist, wie weit seine biologischen Intuitionen reichen. Zum einen hat die Embryonalgenforschung die fakultative und sekundäre Rolle des männlichen Geschlechts bei der Vermehrung von Tieren deutlich bestätigt. Zum anderen lassen die von der Klontechnik erzielten Fortschritte auf den Durchbruch einer verlässlichen Reproduktion hoffen, mit der sich auch neue Möglichkeiten zwischenmenschlicher Beziehungen auftun werden, seltsamer Beziehungen, die sowohl auf Andersartigkeit als auch auf Gleichartigkeit beruhen werden (eineiige Zwillinge liefern uns schon heute ein Beispiel dafür). Längerfristig gesehen dürfte der direkte Eingriff in den genetischen Code es möglich machen, bestimmte Grenzen, von denen man gegenwärtig glaubt, sie seien untrennbar mit dem menschlichen Dasein verbunden (und von denen das Altern und der Tod natürlich die spektakulärsten sind), zu überwinden.

Während verständlich ist, dass solche Vorstellungen bei den Betbrüdern der Offenbarungsreligionen Schrecken auslösen (denen die Schöpfung von Leben als exklusive Domäne des Göttlichen gilt), ist die offensichtliche Zurückhaltung von Denkern, die sich *a priori* als »progressiv« betrachten, nur schwer nachzuvollziehen. Handelt es sich dabei um eine Grenze des westlichen politischen Denkens, das von Hobbes bis Rousseau nie in der Lage gewesen ist, sich eine Gesellschaft anders vorzustellen denn als Ansammlung von Individuen, und das mit der klassischen Konzeption von »Menschenrechten« und »Demokratie« seinen Höhepunkt erreicht hat? Um eine obskure und kindische Sehnsucht nach dem Stadium der Tragik, der Philosophie des »Absurden«, ja dem Zufall als regressiver Göttlichkeit? Um einen neuen Typ von Eifersucht, der vorauseilenden Eifersucht hinsichtlich der Möglichkeiten, die sich künftigen Generationen bieten werden? Wie dem auch sei – sicher ist, dass Valerie Solanas (ein wie alle Propheten unreifes, gemartertes, widersprüchliches, faszinierendes, enervierendes Wesen) ins Lager der Progressisten gehört. Ihre Verachtung für die Natur ist unendlich, absolut, grenzenlos. Als Beispiel sei hier der Absatz zitiert, in dem sie das Ideal des Hippielebens auf wunderbare Weise analysiert: »Er will zurück zur Natur, in die Wildnis, wo die wilden Tiere – wie seinesgleichen – hausen; er will weg von der Stadt, wo es wenigstens eine Spur, einen blassen Schimmer von Zivilisation gibt, er will auf dem Niveau der Spezies leben und seine Zeit mit simplen, ungeistigen Tätigkeiten verbringen, wie Ackerbau, ficken und Perlenketten auffädeln.«

Mitten in den Siebzigern, mitten in einem bis dato unbekannten ideologischen Chaos war Valerie Solanas trotz einiger nazistischer Ausrutscher im Grunde die Einzige ihrer Generation, die den Mut hatte, eine fortschrittliche und durchdachte Haltung zu wahren, die dem edelsten Vorhaben des Westens entsprach, nämlich der Errichtung und Weiterentwicklung einer absoluten technologischen Kontrolle des

Menschen über die Natur (seine eigene biologische Natur inbegriffen). Und das mit dem langfristigen Ziel, auf einer mit dem moralischen Gesetz übereinstimmenden Basis eine neue Natur zu erschaffen, das heißt, in letzter Konsequenz eine Universalherrschaft der Liebe zu etablieren.

NEIL YOUNG

Dieser Text erschien im Dictionnaire du rock, *herausgegeben von Michka Assayas (Editions Robert Laffont, 2000).*

In den mittlerweile dreißig Jahren einer durchweg chaotischen Karriere hat der Zufall wiederholt dafür gesorgt, dass Neil Young und bestimmte Modeerscheinungen zusammenfielen. *Harvest* etwa konnte man Mitte der Siebziger bei allen Aussteigern finden. Dieser Erfolg kam ihn in den Achtzigern teuer zu stehen, bis die Grunge-Generation merkte, dass er auch harte, gemarterte Alben produziert hatte, die vom seltsamen Seufzen einer elektrischen Gitarre durchdrungen waren. Ein paar Jahre lang war Neil Young wieder angesagt und wurde als Wegbereiter gefeiert. Es ist seltsam, dass nichts ihn von seinem Kurs hat abbringen können; wobei man natürlich, um vom Kurs abkommen zu können, erst einmal eine Richtung eingeschlagen haben muss. »Einen Zustand, eine innere Spannung von Pathos durch Zeichen, eingerechnet das Tempo dieser Zeichen, mitzuteilen«, schreibt Nietzsche am Ende von *Ecce homo*, »das ist der Sinn jedes Stils; und in Anbetracht, dass die Vielheit innerer Zustände bei mir außerordentlich ist, gibt es bei mir viele Möglichkeiten des Stils.« Die musikalische Laufbahn Neil Youngs (zusammenhanglos, unkontrollierbar, aber stets von niederschmetternder Aufrichtigkeit) lässt sich mit der Biographie eines Manisch-Depressiven vergleichen oder mit dem Kurs eines Hochdruck-gebiets, das abwechselnd über Berge und Täler hinwegzieht. Man hat wirklich den Eindruck, als würde er lediglich nach dem nächsten Musikinstrument greifen und die Gefühle, die seine Seele durchdringen, einfach und unmittelbar zum Ausdruck bringen. Dieses Instrument ist meist eine Gitarre. Doch während es großartige Gitarristen auch woanders gibt, sind nur sehr wenige Künstler in jeder ihrer Noten, in jedem Zittern ihrer Stimme so unmittelbar präsent und lebendig. »Soldier«, mit wenigen Fingern unbeholfen auf dem Klavier komponiert, ist eines seiner geheimnisvollsten und schöns-ten Lieder. Die Mundharmonika in »Little Wing« erreicht eine traurige Heftigkeit, wird zum verzweifelten Atem, der die Zeiten durchdringt. Und »Twilight«, eine seiner herzer-greifendsten Abweichungen, taucht in völlig unerwartetem jazzigem Kontext auf. Bei Neil Young ist die Perfektion zer-brechlich, sie wird aus dem Chaos geboren. Kein einziges sei-ner Alben ist gänzlich gelungen. Ich kenne aber auch keins, das nicht wenigstens einen wunderbaren Song enthält.

Seine schönsten Platten sind zweifellos jene, die zwischen Traurigkeit, Einsamkeit, Wachtraum und friedlichem Glück oszillieren. Es ist durchaus möglich, sich seinen idealen Zu-hörer, sein unsichtbares Pendant, vorzustellen: Neil Youngs Songs sind für die oft Unglücklichen und Einsamen, für jene, die haarscharf an den Toren der Verzweiflung vorbeischlit-tern; für jene, die dennoch weiter daran glauben, dass Glück möglich ist. Für jene, die nicht immer glücklich verliebt sind, doch die sich immer wieder neu verlieben. Diejenigen, denen die Versuchung des Zynismus nicht fremd ist, ohne dass sie aber in der Lage wären, ihr lange nachzugeben. Diejenigen, die beim Tod eines Freundes imstande sind, vor Wut zu weinen (»Tonight's the Night«). Diejenigen, die sich ernsthaft fragen, ob Jesus Christus kommen wird, um sie zu retten. Diejenigen, die voller Vertrauen denken, dass ein glückliches Leben auf dieser Erde möglich ist. Es braucht einen wirklich großen Künstler, um den Mut aufzubringen, sentimental zu sein, um die Gefahr in Kauf zu nehmen, seicht zu wirken. Doch manchmal tut es einfach gut zu hören, wie ein Mann demutsvoll und mit leiser, trauriger Stimme bedauert, von seiner Frau verlassen worden zu sein: Songs wie »A Man Needs a Maid« oder »What Did You Do to My Life« können aus diesem Grund nicht gleichgültig lassen. Ebenso tut es gut, in die regelrecht funkelnden und zauberhaften Hymnen auf die Liebe einzutauchen, die Neil Young im Laufe der Jahre in Zusammenarbeit mit Jack Nitzsche produziert hat: »Such a Woman« und vor allem das außergewöhnliche »We Never Danced«. Doch ähnlich wie Schubert ist Neil Young vielleicht noch erschütternder, wenn er versucht, das Glück zu beschreiben. »Sugar Mountain« und »I Am a Child« sind von einer Reinheit, einer Naivität, die einem das Herz bluten lassen. Solch ein Glück ist nicht möglich, nicht hier, nicht bei uns. Dazu hätte es bedurft, sich seine Kindheit zu bewahren. Ich kenne nicht nur keinen anderen Song, sondern überhaupt keine andere künstlerische Arbeit, die wie »My Boy« versucht, dieses obskure und herzergreifende Gefühl des reifen Mannes auszudrücken, den es traurig stimmt, dass sein Sohn die Gefilde der Kindheit bereits verlässt. Du hattest so wenig Zeit, mein Sohn; wir hatten so wenig Zeit zusammen. »*Oh, you'd better take your time / My boy / I thought we had just begun.*« Einige seiner Texte beschwören die Adoleszenz über das heftige Gefühl des Verliebtseins. Doch das ist dem Rock gemein, und ich glaube, dass Neil Youngs originellste und schönste Songs jene sind, in denen es ihm möglich wurde, wieder zum Kind zu werden. Dieser Mann hat am Himmel oder auf der Wellenlinie eines Teichs mitunter seltsame Dinge erblickt. »After the Gold Rush« versetzt uns unmittelbar in einen Traum. »Here We Are in the Years«, so vertraut und verstörend, beschwört die schillernden Nachmittage der Romane von Clifford Simak herauf.

Wie wird man zu Neil Young? Das erzählt er uns im stark autobiographischen Text von »Don't Be Denied«: die zerrüttete Kindheit, die Prügel in der Schule, die Begegnung mit Stephen Stills, der Wunsch, ein Star zu sein. Und vor allem der Wille durchzuhalten. Lass dich nicht unterkriegen von der Welt. »*Oh friend of mine, don't be denied.*« Für wen singt er das? Für sich, für die ganze Welt? Ich gebe zu, dass ich oft das Gefühl hatte, er singt es für mich. Wenn ich diese ungeheuren, destrukturierten, völlig unglaublichen Querschläger höre, die in seinem Œuvre immer wieder auftauchen (»The Last Trip to Tulsa«, »Twilight«, »Inca Queen«, »Cortez the Killer«), dann kommt mir stets das gleiche Bild in den Sinn: ein Mann, der sich auf einem schwierigen und holprigen Weg vorankämpft. Der oft hinfällt, dessen Knie aufgeschlagen sind; der wieder aufsteht und weitergeht. (Es ist fast das gleiche Bild wie in der *Winterreise*. Nur ist es bei Schubert kalt, der Weg ist schneebedeckt, und der Mann wird heimgesucht von der schrecklichen Versuchung, sich in das Samtene von Tod und Schnee zu schmiegen.) Die elektrische Gitarre führt durch seltsame Landschaften, schreckenerregend und sublim. Mitunter kommt alles zur Ruhe, und der Puls der Welt schlägt in warmen Schwingungen. Mitunter überfallen Gewalt und Terror die Welt. Die Stimme singt weiter, eigensinnig und zerbrechlich. Die Stimme leitet uns. Sie kommt von weit her, aus den Tiefen der Seele. Sie gibt nicht auf. Es ist keine sehr männliche Stimme. Sie klingt ein wenig wie die einer Frau, eines Greises oder eines Kindes. Es ist die Stimme eines Menschen, der uns außerdem noch etwas Naives und Wichtiges zu sagen hat: Die Welt kann sein, wie sie will, das ist ihre Angelegenheit. Für uns ist das kein Grund, darauf zu verzichten, sie besser machen zu wollen. Das ist die einfache Botschaft von »Lotta Love«: *»It's gonna take a lotta love / To change the way things are.«* Das ist auch die von »Heart of Gold«, seinem unsterblichsten Song: *»Keeps me searching for a heart of gold / And I'm getting old.«* Mittlerweile höre ich Neil Young seit fast zwanzig Jahren. In Leid und Zweifel hat er mich oft begleitet. Ich weiß jetzt, dass die Zeit uns nichts anhaben kann.

GESPRÄCH MIT CHRISTIAN AUTHIER

Dieses Gespräch erschien im Januar 2002 in der Zeitschrift
L'Opinion indépendante.

*Opinion indépendante: Wie haben Sie die Polemik erlebt, die
Ihre Äußerungen zum Islam ausgelöst haben?*

Michel Houellebecq: Auf dieses Ausmaß war ich nicht gefasst. Ich weiß, das mag überraschend klingen, aber als ich
sagte, der Islam sei »nun wirklich die dümmste aller Religionen«, tat ich das im Tonfall einer Feststellung. Ich dachte
nicht, dass das kritisiert, und noch weniger, dass es ange-
fochten werden würde. Die meisten guten Autoren der Vergangenheit – von Spinoza bis hin zu Lévi-Strauss – sind zu
dem gleichen Schluss gekommen. Ich dachte daher, eine kurze Zusammenfassung würde ausreichen. Ich hatte nicht begriffen, dass der Respekt vor Identitäten derartige Ausmaße
angenommen hat. Der Respekt vor Kulturen ist zur Pflicht
geworden, und seien es die unmoralischsten und lächer-
lichsten. Selbst die katholische Kirche führt sich seit einigen
Jahren wie eine Minderheit auf, die Respekt einfordert, auch
wenn sie bei weitem nicht so scharf vorgeht wie der Islam.
Merkwürdig ist, dass niemand diese Reaktion vorausgesehen
hat. Sicher ist, dass Pierre Assouline[1] mich hasst und viel da-

für getan hat, das Feuer zu schüren. Ich war von alldem ein wenig überrascht und erschrocken.

Haben Sie das Gefühl, dass wir bestimmten äußeren Erscheinungen zum Trotz in einer puritanischen Zeit leben?

Ja, ich habe den Eindruck, dass in den vergangenen Jahrhunderten und selbst noch zu Beginn des 20. Jahrhunderts freier über Religionen gesprochen wurde. Die Fronten haben sich zu einem bestimmten Zeitpunkt verhärtet. In meinem Fall aber habe ich den Eindruck, dass es der Erfolg war, der die Polemik ausgelöst hat, und nicht die Polemik, die den Erfolg verursacht hat. Wenn sich das Buch weniger gut verkauft hätte, hätten meine Chancen besser gestanden, unbeachtet davonzukommen. In seinem recht niederträchtigen Leitwort gibt Assouline übrigens zu, dass die Verbissenheit mir gegenüber mit dem voraussehbaren Erfolg meines Buches zu tun hatte.

Was haben Sie gedacht, als Guillaume Durand Sie in der Kultursendung Campus[2] *fragte, ob das Vichy-Hemd, das Sie an diesem Tag trugen, ein Verweis auf den Marschall Pétain sei?*

Ich mag Guillaume Durand, aber das war nicht sehr lustig. Es war der etwas missratene Versuch, Humor in die Sendung zu bringen. Ich glaube, er war von den Ereignissen überfordert.

Einmal abgesehen von den Passagen und Ihren späteren Äußerungen über den Islam mussten Sie doch davon ausgehen, dass Plattform *heftige Reaktionen auslösen würde. Das Buch enthält scharfe Angriffe auf den Westen. Und auf etwas belanglosere Art machen Sie sich über Journalisten lustig, indem Sie deren Namen zitieren . . .*

Es ist natürlich nie sehr geschickt, sich über die Presse lustig zu machen. Im Allgemeinen sind es aber nicht die Journalisten, die am schärfsten reagieren – sie sind Kritik gewohnt. Mehr Angst hatte ich vor den Marken: Eldorador, die Accor/ Aurore-Gruppe . . . Mit dem Reiseführer *Guide du routard* hatte ich weniger gerechnet, aber ich kann nicht behaupten, dass ich erstaunt gewesen wäre. Im Grunde hatte ich mit gar nichts gerechnet. Ich hielt dieses Buch für weniger subversiv als *Elementarteilchen*. Ich glaube, dass sich die Zustände in den drei Jahren verschlimmert haben. Die Forderungen nach Normalität haben zugenommen. Wir haben uns alle geirrt: ich, der Verleger, die Presseabteilung . . . Keiner hat gesehen, aus welcher Ecke die Probleme kommen würden. An den Islam, der im Buch nicht das Hauptthema, sondern nur ein Hintergrundelement ist, hat wirklich kein Mensch gedacht.

Nur wenige Tage nach Beginn der Polemik rückte dieses »Hintergrundelement« lautstark in den Vordergrund des Tagesgeschehens . . .[3]

Mich hat das Profil der Terroristen überrascht. Ich hatte gehört, dass muslimische Extremisten weitreichende naturwissenschaftliche Studiengänge absolviert hatten, aber ich glaubte eigentlich nicht daran. Das Profil dieser Terroristen kommt in Wirklichkeit dem der Mitglieder einer Sekte näher als dem gewöhnlicher Terroristen. Das ist ziemlich erschreckend. Bestimmte Zeitungen fingen an zu sagen, was ich seit langem dachte, nämlich, dass der islamische Fundamentalismus im Vergleich zum Islam des Korans kein spezieller Ausrutscher ist. Es ist eine mögliche Interpretation des Korans, die mühelos das Feld behauptet. Was mich fasziniert, ist, zu sehen, dass in den Medien eine große Anzahl von Leuten unausgesetzt wiederholt, dass die Grundbotschaft des Islam eine Botschaft der Toleranz sei, die den Mord verbiete und voller Respekt für Andersgläubige sei ... Ich habe im Hinblick auf Geschichte eine allgemeine Theorie: Es bringt nichts, auf ferne Epochen zurückzugreifen, um Zeitgeschichte zu erklären. Um einen Zustand global zusammenzufassen, reicht es aus, sich ein oder zwei Generationen zurückzuversetzen. Mich regt es jedes Mal auf, wenn man den Glanz des andalusischen Mittelalters oder etwas in der Art heraufbeschwört, denn auf die Praxis hat das keinerlei Einfluss mehr.

In Plattform *denkt eine Romanfigur, dass der Islam langfristig gesehen keine Chance hat, ihn die liberale globalisierte Welt einholen wird und dass die Massen ausschließlich vom westlichen Modell träumen ...*

Ja, ich glaube, das stimmt, wobei sich herausstellen mag, dass die lange Frist sehr lang sein kann. Ich glaube in der Tat, dass die Massen vom westlichen Modell träumen. Es scheint mir im vorliegenden Fall das geringere Übel. Offensichtlich findet ein Kampf zwischen zwei Übeln statt, von denen eins schlimmer als das andere ist.

Die Romanfigur Michel macht den Narzissmus, das schwindende Bedürfnis nach Austausch und Geben sowie die Unfähigkeit, Sex als etwas Natürliches zu empfinden, für den Niedergang der Sexualität im Westen verantwortlich. Scheint Ihnen diese Kultur des Narzissmus der wahre Kern des Problems zu sein?

Ja, das ist ein wesentlicher Punkt. Wir verbringen viel zu viel Zeit damit, uns und andere zu bewerten. Man muss seinen eigenen Wert aber vergessen können, wenn man mit jemandem schlafen will. In dem Moment, in dem die Verführung das eigentliche Ziel ist, wird Sexualität unmöglich. Eine weitere Ursache für den Niedergang der Sexualität ist der Niedergang der Sentimentalität. Die Welle des Sadomasochismus ist mehr als eine reine Modeerscheinung. Auch wenn dahinter der Wille steht, neue »Looks« zu verkaufen, entspricht er tiefer gesehen einer bestimmten Lesart zwischenmenschlicher Beziehungen. *SM* ist nicht sehr sinnlich, man benutzt Accessoires, es kommt nicht zu Hautkontakt. Ich glaube, es gibt einen wirklichen Ekel vor dem Körper in unseren Gesellschaften, der nicht leicht zu interpretieren ist. Michel sagt an einer Stelle, dass das Verkümmern der Sexualität im Westen womöglich psychologische Ursachen hat, dass es aber vor allem ein soziologisches Phänomen ist. Die Idee, derzufolge es keinen Sinn hat, soziologische Tatsachen psychologisch zu erklären, gefällt mir, das ist vom Standpunkt her sehr positivistisch. Wenn ich mir die Frage vom psychologischen Standpunkt aus stelle, dann kann ich in der Tat Gründe finden – wie etwa pornographische Bilder, im Vergleich zu denen die Realität ein wenig fade wirkt, die Pornographie, die der wirklichen Sexualität schadet, oder die Darstellung, die das Reale tötet ... Das alles leuchtet ein, doch mir fällt vor allem der soziologische Aspekt auf. Global gesehen haben die zwischenmenschlichen Beziehungen abgenommen.

Michel und Valérie haben ein natürliches und instinktives Geschlechtsleben.

Bei mir ist Sexualität unschuldig. Sie ist nie transgressiv. Darin fühle ich mich Catherine Millet nahe. Aber die Darstellung von Pornographie in der Gegenwartskunst geht eher in Richtung Trash. Ich glaube, dass das Phantasma die Sexualität tötet und dass es nicht besonders interessant ist. Was von einem literarischen Standpunkt aus interessant – und schwierig – ist, sind die Empfindungen. Die Sprache ist nicht gemacht für den Ausdruck von Empfindungen, seien sie angenehm oder schmerzhaft. Auguste Comte hat eine sehr richtige Bemerkung über die Schwierigkeit gemacht, die darin besteht, einem Arzt seine Schmerzsymptome zu beschreiben. Man kann den Schmerz lokalisieren, man kann seine Intensität bestimmen, aber es ist schwierig, noch genauer zu sein. Das Gleiche gilt für das Lustgefühl. Und die Schwierigkeit erhöht sich noch, wenn man nicht zur Metapher greifen will. Michel und Valérie aus *Plattform* lieben sich, und je mehr sie sich lieben, desto sexueller geht es zwischen ihnen zu. Es handelt sich folglich um eine Mischung aus Empfindungen und Gefühlen. Ich versuche, der Wirklichkeit nahe-zukommen. Das ist bei weitem nicht das Einfachste.

Man hat oft vergessen, dass Plattform *vielleicht zuallererst ein Liebesroman ist ...*

Ja, das wurde oft vergessen. Das ist schade, denn es ist das erste Mal, dass ich eine Frauenfigur so umfassend ausgeführt habe. Und der schockierendste Aspekt des Buches – die Liebe im Westen – wurde so gut wie gar nicht besprochen. Er ist zu gefährlich, zu kompliziert ... Die Zeitschrift *Elle* hat immer-hin hervorgehoben, wie dramatisch das ist – was stimmt –, allerdings nur, um dann zu schreiben, dass sie nicht daran glaubt.

Die Liebesgeschichte endet beinahe mit einem Happy End ...

Ich würde gern ein komplettes Idyll entwerfen. In diesem Fall jedoch wollte ich ein einsames Ende in Pattaya. Mir war dort aufgefallen, dass die Begierde nachlässt, sobald man fest-gestellt hat, dass hinsichtlich der Prostitution alles möglich ist. Wenn man davon ausgeht, dass Begierde etwas Schlech-tes ist, was in meinem Fall zutrifft, dann ist das eine Lösung. Um die Begierde zu unterdrücken, muss man sie befriedigen, das ist am einfachsten. Meinerseits handelt es sich dabei nicht um eine Haltung höchstmöglichen Konsums.

Michel hat den Glauben sowohl an kollektive Vorhaben als auch an die Politik verloren. Für ihn und Valérie besteht die Lösung in einer Art individualistischer Flucht.

In dieser Geschichte hat Valérie das Kommando. Sie ist es, die versucht, der Gesellschaft das Geld zu entreißen, das sie für ihr Zusammenleben brauchen. Sie sieht sich als ein kleines Raubtier, das beschränkte Bedürfnisse hat. Ich mag sie sehr. Wie Dostojewski glaube ich, dass man von jedem, der allgemeingültige und großzügige Ideen verbreitet, verlangen sollte, eine Person im Besonderen glücklich zu machen. Es stimmt, dass meine Romanfiguren politisch gesehen allesamt Nihilisten sind. Ich komme einfach nicht um die Feststellung herum, dass die Gesellschaft, in der ich lebe, Ziele verfolgt, die meinen nicht entsprechen. Der Westen ist für ein menschenwürdiges Leben ungeeignet. Es gibt eigentlich nur eine Sache, die man hier tun kann, nämlich Geld verdienen. Valéries Haltung ist daher bei jungen Leuten weit verbreitet: nämlich so schnell wie möglich Geld verdienen zu wollen, um dann woanders hinzuziehen. Das ist vernünftig.

Michel sagt, dass seine Vorfahren im Leben etwas vorhatten, dass sie an den Fortschritt und die Zivilisation glaubten und dass sie dem Gedanken verbunden waren, ihren Nachkommen etwas zu hinterlassen. Ihre Figuren vermitteln deutlich, dass diese Ideen aufgegeben wurden …

Es wird alles dafür getan, dass es im Westen so weit kommt. Nehmen wir ein Beispiel: Berlusconi macht eine Bemerkung. Sofort heißt es, es sei idiotisch, die verschiedenen Zivilisationen ihren Werten gemäß einzuteilen … Nein, das ist nicht idiotisch. Man will uns von der Vorstellung abbringen, dass die westliche Zivilisation in bestimmten Aspekten ihre Überlegenheit erwiesen hat. Nun löst sie sich in Zynismus auf. Lange Zeit herrschte die Vorstellung, dass das Wohl der künftigen Generationen etwas Wichtiges sei. Heute kann man davon ausgehen, dass sich die Leute weniger in die Zukunft projizieren. Das Leben reduziert sich mehr und mehr auf Nutzwerte. Die Euthanasie gibt Aufschluss über jene Vorstellung, derzufolge es im Leben nichts anderes gibt als persönliche Vorteile und den damit verbundenen Fun.

In Plattform *gibt es sehr rohe Szenen urbaner Gewalt. Wenn man nicht mehr die Möglichkeit hat, sich mit dem anderen zu identifizieren, schreiben Sie, dann bleiben als einzige Form das Leiden und die Brutalität ...*

Ich glaube, das liegt größtenteils an der Anziehungskraft, die der Konsum ausübt. Und natürlich auch an der Kultur der Linken, die in großem Umfang dazu beigetragen hat, das Böse aufzuwerten, ihm eine Aura zu verleihen, insbesondere in der Figur des »Ganoven« wie etwa Genet, den Sartre auf den Heiligensockel gehoben hat. Es ist offensichtlich, dass Sartres Absicht dabei die Verbreitung des Unmoralischen war, denn ihm war natürlich klar, dass Genet ein durchschnittlicher Schriftsteller war. Das alles hat zur allgemeinen Abwertung des Moralkonzepts beigetragen. Noch schlimmer ist die Situation in den Vereinigten Staaten, auch wenn die Kultur der Linken dort bei weitem nicht so verbreitet ist. Dem allem liegt aber etwas noch Merkwürdigeres zugrunde: Die Leute wollen sich schlagen, sie wollen Gewalt. Mein Eindruck ist, dass die Kompromissbereitschaft abnimmt, selbst in harmlosen Angelegenheiten. Ich weiß z. B., dass meine

Gegner immer meine Gegner bleiben werden. Der hedonistische Individualismus in seiner Reinform bringt das Gesetz des Dschungels hervor. Nur dass sich im Dschungel die Tiere so wenig wie möglich selbst gefährden. Dazu kommt, dass der westliche moderne Mann eine klare Vorliebe für Gewalt hat. Die jüngst erschienene Sonderausgabe der Zeitschrift *Technikart* zum Thema »Das Fight-Club-Dasein« ist in dieser Hinsicht ziemlich eloquent. Es ist möglich, dass diese Gewalt mit der Schwierigkeit zu tun hat, beim Sex noch etwas zu empfinden. Der Sinn für an sich angenehme Dinge ist verloren gegangen. Und die skandalträchtigen Medien helfen diesem Prozess deutlich voran.

Der Roman Plattform *enthält vor allem im ersten Drittel eine ausgesprochen starke Dosis Humor. Entsprach dies dem Wunsch, den Leser gleich zu Beginn zu packen, um ihn dann nicht mehr loszulassen?*

Ja, ich glaube schon. Die Figuren von Robert und Josyane gefallen mir. Ich mag Robert. Ich mag Figuren, die auf die Nerven gehen. Es gibt sie in allen Reisegruppen. In den humorvollen Episoden – außer der über den *Guide du routard* – wollte ich diese amerikanischen Bestseller persiflieren. Ich wollte insgesamt ein Buch schreiben, das sich wie ein Schmöker liest. So habe ich dem Lesefluss der Erzählung und ihrer Geschwindigkeit einiges geopfert. Auch von den Zeitformen mache ich einen klassischeren Gebrauch, er basiert auf dem erprobten Imperfekt und dem Passé simple, was das Buch flüssiger macht und ihm eine klassischere Seite gibt.

Warum tauchen im Hintergrund Gestalten wie die von Jacques Chirac, Lionel Jospin[4], Jérôme Jaffré[5] oder Julien Lepers[6] auf?

Eine der größten Freuden bei der Lektüre von Romanen aus der Vergangenheit besteht für mich darin, dass sie ihre Epoche wiederauferstehen lassen, und sei es nur in winzigen Details. Und so nehme ich mir das Recht heraus, das auch in meinen eigenen Büchern zu tun. Es ist doch auch so, dass jeder in seinem Leben mal an Chirac denkt. Man kommt nicht umhin, an ihn zu denken. Jeder, der in Frankreich lebt, kennt Chirac. Wenn ich Marken zitiere, dann aus dem gleichen Grund. Romane müssen sich einordnen. Das liegt in der Logik des Romans. Er braucht Gegenwärtigkeit.

Ein Satz scheint Plattform *zu charakterisieren, sowohl im Hinblick auf Michel als auch auf den Westen: »Das Herz ist nicht mehr bei der Sache.«*

Ich glaube nicht, dass der Westen wirklich leben will. Dieses Gefühl kennzeichnet schon die erste Szene von *Ausweitung der Kampfzone.* Die Fähigkeiten der Menschen zu emotionaler Bindung sind begrenzt. Man kann sein Leben nicht völlig umstülpen. Nur die Amerikaner glauben das.

Michels letzte Worte lauten: »Man wird mich vergessen. Man wird mich schnell vergessen.« Denken Sie, dass man Sie schnell vergessen wird?

Ich habe den ganzen letzten Teil in einem großen Anfall von Masochismus geschrieben. Also vielleicht nicht. Aber ich war sehr zufrieden mit mir, denn das gab mir den Eindruck, dass es sich um mein letztes Buch handle, um eine Art Testament. Eitelkeit ist bei mir nicht sonderlich ausgeprägt. Man wird mich nicht unbedingt schnell vergessen, aber vergessen wird man mich.

Unabhängig von den jüngsten Kontroversen lösen Sie bei Ihren Lesern leidenschaftliche Reaktionen aus. Nachdem ich bei einigen Auftritten dabei gewesen war, kam bei mir das Gefühl auf, dass manche von ihnen wirklich bereit wären, sich mit Ihnen zu schlagen ... Wie erklären Sie sich das?

Ich weiß es nicht ... Vielleicht jage ich ihnen Angst ein. Letzten Endes erwartet man von mir, dass ich beruhigende Sätze sage wie etwa: »Das alles war doch nur ein Witz. In Wirklichkeit ist alles in Ordnung. Alles wird immer besser.« Ich glaube, man verlangt von mir Statements wie: »Es wird schon alles gut werden. Es gibt keinen Zivilisationskonflikt. Jacques Chirac ist am Ruder. Es sieht nur so aus, als stünden die Dinge schlecht, in Wirklichkeit ist alles in Ordnung ...« Etwas fehlt meinen Romanen, und dieses Etwas möchte man von mir in der Realität hören: nämlich das beruhigende Schlusswort. Dahinter verbirgt sich ein Typ allgemeiner Kommunikation, wie etwa: »Die Situation ist bedenklich, aber Maßnahmen wurden eingeleitet.«, »Ja, sie ist tot, aber ich habe mit der Trauerarbeit begonnen.« Eine rein negative Aussage wird nicht mehr akzeptiert.

In einer Sendung des Fernsehkanals Canal + sagten Sie vor mehr als einem Jahr, dass Sie Angst hätten, eines Tages gelyncht zu werden. Befürchten Sie heute immer noch, dass man Ihnen das, was Sie schreiben oder von sich geben, nicht verzeihen wird?

Ja, in Frankreich werden die Probleme zunehmen. Ich glaube nicht, dass sich die Lage beruhigen wird. Ja, doch, ich habe etwas Angst. Aber man kann ja auch schreiben, ohne zu veröffentlichen.

Zu den von den jüngsten Kontroversen angerichteten »Kollateralschäden« gehört, dass Sie von der Liste des Prix Goncourt verschwanden, von dem viele meinten, Sie würden ihn gewinnen. Hat Ihnen das wehgetan?

Nein, überhaupt nicht. Was zählte, war, dass François Nourissier mich bis zum Schluss unterstützte. Und das hat er getan. Von der Liste des Prix de l'Académie française zu verschwinden, hat mir mehr zugesetzt. Ich hatte von den Mitgliedern der Akademie mehr Unterstützung erwartet. Beim Prix Goncourt wusste ich im Grunde, dass nur Nourissier für mich war. Deshalb glaubte ich nicht daran. Es waren vor allem die Reaktionen einzelner Leute, die mir wehgetan haben. Manche haben mich ein bisschen fallengelassen. Dafür hat mich Alain Finkielkraut leidenschaftlich verteidigt. Es ist schrecklich, was man alles nicht mehr sagen kann ... Nietzsche, Schopenhauer und Spinoza würden heute nicht mehr durchgehen. Das politisch Korrekte, so wie es heute Gestalt angenommen hat, macht fast die ganze westliche Philosophie inakzeptabel. Immer mehr Dinge können einfach nicht mehr durchdacht werden. Es ist erschreckend.

Wohnen wir nicht einfach der Geburt einer »geglätteten« Gesellschaft bei, die die von Ihnen erwähnte Negativität nicht mehr erträgt und die das Böse ausmerzen will?

Ich akzeptiere die Idee, dass die Menschheit unverdorben zur Welt kommen soll. Ich kann das Vorhaben in seiner Gesamtheit diskutieren. Das Problem ist aber nun einmal, dass die Menschheit verdorben zur Welt kommt. Ein einfaches Beispiel: Angenommen, ich käme mit modifizierten Genen zur Welt, die bewirkten, dass ich keine Lust mehr aufs Rauchen hätte. Das ist ein Vorhaben, das sich verteidigen ließe: eine undifferenzierte, geglättete Menschheit. Aber heute versucht man, dieses Vorhaben durch Kastration, durch Zwang zu verwirklichen. Das kann so nicht funktionieren. Ich weiß nicht, wozu die Menschheit fähig ist, im Moment jedenfalls hat man ihr exzessive Normen auferlegt, ohne dafür wirkliche Ausgleiche zu schaffen. Was bringt es mir, wenn ich politisch korrekt bin? Man verspricht mir nicht einmal zweiundsiebzig Jungfrauen. Man verspricht mir lediglich, dass ich mich weiter abrackern und Ralph-Lauren-Hemden kaufen darf ... Deshalb glaube ich, dass der einzige Inhalt des Vorhabens der Wille ist, zu verschwinden. Im Grunde genommen ist mir die Zukunft des Westens gleichgültig; aber es kann sich als schwierig herausstellen, gegen die Selbstzensur anzukämpfen. Man muss dafür immer mehr Kraft aufbringen. Das alles nervt.

Was sind Ihre Vorhaben?

Ich werde einen Band für die Taschenbuchreihe Librio schreiben: *Lanzarote und andere Texte*. Philippe Harel und ich werden *Elementarteilchen* verfilmen. Es ist aber noch nicht alles geregelt, Es fehlt der Produzent.

TECHNISCHER TROST

Dieser Text erschien in dem Band Lanzarote et autres textes *(Librio, 2002).*

Ich mag mich nicht. Ich empfinde nur wenig Sympathie, geschweige denn Wertschätzung für mich. Obendrein interessiere ich mich nicht besonders für mich. Meine wichtigsten Charaktereigenschaften kenne ich seit langem, und zuletzt bin ich sie leid geworden. Als Jugendlicher, selbst noch als junger Mann sprach ich über mich, dachte ich an mich, war ich von meiner Person gewissermaßen erfüllt. Das ist heute nicht mehr der Fall. In meinen Gedanken komme ich nicht mehr vor, und schon die Aussicht darauf, eine Anekdote zu meiner Person erzählen zu müssen, versetzt mich in krampfartige Langeweile. Bin ich wirklich dazu gezwungen, lüge ich.

Dennoch, und das ist ein Paradox, habe ich es nie bedauert, mich fortgepflanzt zu haben. Man kann sogar sagen, dass ich meinen Sohn liebe und dass meine Liebe zu ihm jedes Mal wächst, wenn ich in ihm Spuren meiner eigenen Fehler wiedererkenne. Ich sehe, wie diese im Laufe der Zeit mit einem unerbittlichen Determinismus zum Vorschein kommen, und ich freue mich darüber. Ich freue mich ohne jede Scham darüber, dass sich Charaktereigenschaften wiederholen (und dadurch verewigen), die an sich nichts Ehrenwertes haben, ja die oft sogar verachtenswert sind, die in Wirklichkeit keinen anderen Verdienst haben als den, dass es meine sind. Im Übrigen sind es nicht einmal wirklich meine. Mir ist klar, dass manche das perfekte Abbild der Persönlichkeit meines Vaters, dieses vollendeten Arschlochs, sind. Seltsam aber ist, dass das meine Freude nicht schmälert. Diese Freude ist mehr als nur Egoismus; sie geht tiefer, ist unumstößlicher. Wie auch ein Gefäß mehr ist als nur seine Projektion auf eine glatte Oberfläche und ein lebender Körper mehr als sein Schatten.

Was mich bei meinem Sohn indes traurig stimmt, sind die Züge, die auf eine autonome Persönlichkeit schließen lassen (Einfluss der Mutter? Unterschiedliche Epochen? Reine Individualität?), Züge, in denen ich mich überhaupt nicht wiedererkenne und die mir fremd bleiben. Das entzückt mich ganz und gar nicht, im Gegenteil, mir wird bewusst, dass ich ein nur unvollkommenes und schwaches Abbild meiner selbst hinterlassen habe. Ein paar Sekunden lang spüre ich deutlich den Geruch des Todes. Und ich kann bestätigen: Der Tod riecht übel.

Die westliche Philosophie fördert den Ausdruck solcher Gefühle kaum. Diese Gefühle lassen keinen Raum für Fortschritt, Freiheit, Individuation, Zukunft. Sie haben nichts zum Ziel als die ewige, schwachsinnige Wiederholung ein und derselben Sache. Dazu kommt noch, dass sie nichts Originelles an sich haben. Sie werden fast von der gesamten Menschheit, ja sogar von einem Großteil des Tierreichs geteilt. Sie sind nichts anderes als die nach wie vor aktive Erinnerung an einen erdrückenden biologischen Instinkt. Die westliche Philosophie ist eine lange, geduldige und grausame Dressurvorrichtung, deren Ziel darin besteht, uns von einigen falschen Vorstellungen zu überzeugen. Die erste besteht darin, dass wir den anderen respektieren müssen, weil er sich von uns unterscheidet; die zweite besteht darin, uns glauben zu machen, dass der Tod uns etwas bringt.

Die westliche Technologie hat bewirkt, dass dieser Lack aus Ermessensfragen heute mit großer Geschwindigkeit abplatzt. Natürlich werde ich mich klonen lassen, sobald das möglich ist. Natürlich werden sich alle klonen lassen, sobald das möglich ist. Ich werde auf die Bahamas, nach Neuseeland oder auf die Kaiman-Inseln fahren. Wenn nötig, werde ich jeden Preis bezahlen (im Vergleich zum Gebot der Fortpflanzung haben moralische und finanzielle Gebote noch nie schwer gewogen). Wahrscheinlich werde ich zwei oder drei Klone haben, so wie man zwei oder drei Kinder hat. Zwischen ihren Geburten werde ich einen passenden (nicht zu großen, aber auch nicht zu kleinen) Abstand einhalten. Als ein Mann schon reifen Alters werde ich mich wie ein verantwortungsvoller Vater benehmen und meinen Klonen eine gute Ausbildung zukommen lassen. Danach werde ich sterben. Am Sterben werde ich keine Freude finden, denn es ist nicht mein Wunsch zu sterben. Mir wird jedoch nichts anderes übrig bleiben, zumindest so lange nicht, bis etwas Gegenteiliges erreicht ist. Durch meine Klone werde ich eine Form des Überlebens erreicht haben, die nicht wirklich zufriedenstellend ist, die aber höher steht als jene, die mir Kinder geboten hätten. Mehr kann mir die westliche Technologie bis dato nicht bieten.

Zum Zeitpunkt der Niederschrift dieser Zeilen bin ich nicht in der Lage, vorauszusehen, ob meine Klone einem weiblichen Bauch entwachsen werden. Es hat sich nämlich erwiesen, dass das, was dem Laien technisch gesehen einfach erschien (nämlich der Nahrungsaustausch über die Plazenta, der ein *a priori* geringeres Mysterium in sich birgt als der Akt der Befruchtung), am schwersten nachzugestalten ist. Für den Fall, dass die Technik ausreichend fortgeschritten ist, werden meine zukünftigen Kinder, meine Klone, ihr Leben in einem Reagenzglas beginnen. Das macht mich ein wenig traurig. Ich mag die Muschi der Frauen, ich bin gern in ihrem Bauch, in der elastischen Geschmeidigkeit ihrer Scheide. Ich habe Verständnis für die Sicherheitsgründe, für die technischen Notwendigkeiten. Ich habe Verständnis für die Gründe, die dazu führen, dass mehr und mehr Schwangerschaften in vitro ausgetragen werden. Ich erlaube mir diesbezüglich nur einen leichten Anflug von Nostalgie. Werden meine so weit von ihr zur Welt gekommenen Schätzchen noch *auf Muschis stehen*? Ich hoffe es für sie, ich hoffe es von ganzem Herzen. Es gibt viele Freuden auf dieser Welt, doch nur wenige Genüsse – und noch weniger, die kein Übel anrichten. Doch nun Schluss mit dieser humanistischen Abschweifung.

Wenn sich meine Klone in einem Reagenzglas entwickeln sollten, werden sie, das ist offensichtlich, ohne Bauchnabel zur Welt kommen. Ich weiß nicht, wer den Begriff »Bauchnabelliteratur« zum ersten Mal in abfälligem Sinn benutzt hat. Ich weiß jedenfalls, dass mir dieses billige Klischee immer missfallen hat. Worin bestünde das Interesse einer Literatur, die vorgibt, über die Menschheit zu sprechen, und dabei jede persönliche Erwägung ausschließt? Die Menschen gleichen einander viel mehr, als sie es sich in ihrer komischen Überheblichkeit ausmalen. Es ist viel einfacher, als man glaubt,

Allgemeingültigkeit zu erzielen, indem man über sich selbst redet. Wir haben es da mit einem weiteren Paradox zu tun: Über sich selbst zu reden ist mühsam und sogar widerlich. Doch in der Literatur ist es die einzige Sache, die sich lohnt. Das geht sogar so weit, dass man den Wert eines Buches – herkömmlich und richtigerweise – an der Fähigkeit des Autors misst, sich persönlich einzubringen. Das ist grotesk, wenn man so will, es ist sogar von extremer Taktlosigkeit, aber es ist so.

Während ich diese Zeilen schreibe, betrachte ich meinen Bauchnabel, im übertragenen wie im eigentlichen Sinn. In der Regel denke ich nur wenig an ihn, und das ist auch gut so. Diese Hautfalte ist ganz offensichtlich das Zeichen einer Trennung, eines hastig geknüpften Knotens. Sie ist die Erinnerung an einen Scherenschnitt, der mich umstandslos in die Welt geschleudert und mich verdonnert hat, auf mich allein gestellt in ihr zurechtzukommen. Dieses Souvenir werdet ihr genauso wenig los wie ich. Noch als Greise, selbst noch als hochbetagte Greise, werdet ihr die Spur dieser Trennung intakt auf eurem Bauch sehen können. Eure inneren Organe könnten durch dieses schlecht verheilte Loch nach außen treten und an der Luft vermodern. Es ist jederzeit möglich, dass ihr am helllichten Tag eure Gedärme verliert. Und dass ihr verreckt wie Fische, denen man mit einem Stiefeltritt ins Rückgrat den Gnadenstoß versetzt. Ihr werdet weder die Ersten noch die Berühmtesten sein. Erinnert euch an die Worte des Dichters:

Gottes Leichnam
Windet sich vor unseren Augen
Wie ein verreckender Fisch
Den man mit Tritten erledigt.

Folgenlose Kinder, auch ihr seid bald dort angelangt. Ihr gleicht Göttern – und es wird nicht reichen. Eure Klone bekommen keinen Bauchnabel, stattdessen bekommen sie eine BauchΩnabelliteratur. Auch ihr werdet euch für den Nabel der Welt halten – und sterblich sein. Schmutz wird euren Bauchnabel füllen, und das war's dann. Eure Gesichter wird man mit Erde bewerfen.

HIMMEL, ERDE, SONNE

Dieser Text erschien zuerst in dem Sammelband Contes de campagne *(Editions Mille et une nuits, 2002) und später in der* Aufsatzsammlung Lanzarote et autres textes *(Librio, 2002).*

Als erfolgreicher Autor kommt man in den Genuss bestimmter Luxusgüter, die die Gesellschaft normalerweise bedeutenderen oder wohlhabenderen Mitgliedern vorbehält. Aber für einen Mann besteht das wertvollste Geschenk des Ruhms in den – um den angelsächsischen Begriff zu verwenden – *Groupies.* Dabei handelt es sich um junge, sinnliche und hübsche Mädchen, die sich Ihnen in einem Akt der Liebe hingeben möchten, nur weil Sie etwas geschrieben haben, das ihr Innerstes angerührt hat. Mittlerweile scheint es mir möglich, dass ich die Groupies und den Ruhm eines Tages satt haben werde. Das wäre wirklich traurig, aber möglich. Doch selbst für den Fall, dass es so weit kommen wird, glaube ich, dass ich weiter schreiben werde.

Muss man daraus schließen, dass mir das Schreiben zur Notwendigkeit geworden ist? Diesen Gedanken zum Ausdruck zu bringen, fällt mir schwer: Ich finde ihn kitschig, bieder, vulgär. Doch auf die Wirklichkeit trifft das noch mehr zu. Und dennoch, sage ich mir, muss es Momente gegeben haben, in denen mir das Leben, ein erfülltes und heiles Leben, ausgereicht hat. Normalerweise sollte den Lebenden das Leben ausreichen. Ich weiß nicht, was passiert ist. Vermutlich irgendeine Enttäuschung, ich hab's vergessen. Doch finde ich nicht normal, dass man das *Bedürfnis* hat zu schreiben. Genauso wenig wie das Bedürfnis zu lesen. Und dennoch.

Von dem Ort, an dem ich mich derzeit befinde, in Irland, hat man einen Blick aufs Meer. Es ist eine mobile, etwas ungewisse, dafür aber materielle Welt. Ich hasse das Leben auf dem Lande, seine erdrückende Präsenz. Sie macht mir Angst. Zum ersten Mal lebe ich heute in einem Haus, von dessen Fenstern aus ich das Meer betrachten kann. Und ich frage mich, wie ich bisher ohne es auskommen konnte.

Wenn ich die Welt beschreibe, wenn ich lebendige und unbestreitbare, der Realität entnommene Abschnitte notiere und festhalte, dann relativiere ich sie. Sobald sie sich in einen geschriebenen Text verwandelt haben, färben sie sich, bekommen sie eine gewisse schillernde Schönheit, die darauf beruht, dass sie eine Option darstellen. Das Land ist nie eine Option, das Meer dagegen schon, gelegentlich.

Der Nebel reicht nicht. Nicht heutzutage. Er ist nicht materiell genug – darin lässt er sich mit der Poesie vergleichen. Vielleicht würden die Wolken ausreichen, wenn wir in ihnen leben würden. Der Nebel reicht nicht. Doch es gibt nichts Schöneres auf der Welt als den Nebel, der sich über dem Meer erhebt.

DEM 20. JAHRHUNDERT ENTWACHSEN

Dieser Text erschien ursprünglich in der Ausgabe Nr. 561 der Zeitschrift La Nouvelle Revue française *(April 2002) und später in dem Band* Lanzarote et autres textes *(Librio, 2002).*

Die Literatur führt zu nichts. Wenn sie zu etwas führen würde, hätte das linke Pack, das die intellektuelle Debatte das ganze 20. Jahrhundert lang an sich gerissen hat, gar nicht existieren können. Gott sei Dank ist dieses Jahrhundert nun zu Ende gegangen. Ein guter Zeitpunkt, um ein letztes Mal (das hoffe ich zumindest) auf die Vergehen der »Linksintellektuellen« zu sprechen zu kommen. Dazu sei am besten an *Die Dämonen* erinnert. Das 1872 veröffentlichte Buch ist eine bereits umfassende Vorführung ihrer Ideologie, die Episode von Schatows Mord eine klare Ankündigung ihrer Vergehen und Verbrechen. Hatten Dostojewskis Intuitionen deswegen irgendeinen Einfluss auf den Lauf der Geschichte? Nicht den geringsten. Marxisten, Existenzialisten, Anarchisten und Linksradikale jeglicher Art konnten sich breitmachen und die bis dato erforschte Welt infizieren, ganz als ob Dostojewski nie eine Zeile geschrieben hätte. Haben sie im Vergleich zu ihren Vorgängern, den Romanschriftstellern des 19. Jahrhunderts, auch nur eine Idee, auch nur einen neuen Gedanken eingebracht? Nicht im Geringsten. Das 20. Jahrhundert ist ein ödes Jahrhundert, das nichts erfunden hat. Und dazu extrem hochtrabend ist. Ein Jahrhundert, das mit ernster Miene die dümmsten Fragen stellt, wie etwa:»Kann man nach Auschwitz noch Gedichte schreiben?«. Ein Jahrhundert, das sich bis zum letzten Atemzug in »unüberschreitbare Horizonte« projiziert (nach dem Marxismus nun die Marktwirtschaft), obwohl Comte und nach ihm Popper nicht nur die Dummheit der Historismen, sondern ihre grundlegende Immoralität hervorgehoben hatten.

Berücksichtigt man die außergewöhnliche, ja beschämende Durchschnittlichkeit der »Humanwissenschaften« des 20. Jahrhunderts sowie die im selben Zeitraum von Naturwissenschaften und Technologie erzielten Fortschritte, lässt sich vermuten, dass die brillanteste und erfindungsreichste Literatur jener Zeit die Science-Fiction ist. Und dem ist in der Tat so, bis auf eine Ausnahme, die es zu erklären gilt. Erinnern wir zunächst daran, dass es selbstverständlich möglich ist, nach Auschwitz Gedichte zu schreiben, genau wie zuvor und unter den gleichen Bedingungen. Stellen wir uns jetzt eine etwas ernsthaftere Frage: Kann man nach Hiroshima noch Science-Fiction schreiben? Wenn man sich die Erscheinungsdaten von SF-Romanen anschaut, dann lautet die Antwort offensichtlich: ja, aber nicht die gleiche. Die Texte waren jetzt offen gesagt weit besser. Ein grundlegender Optimismus, der sich mit der Romanliteratur vermutlich nicht verträgt, hatte sich innerhalb weniger Wochen in Luft aufgelöst. Hiroshima war offensichtlich die Voraussetzung dafür, dass die Science-Fiction in den Rang der wirklichen Literatur aufsteigen konnte.

Es ist die Pflicht der Autoren »schöngeistiger Literatur«, ihre Landsleute auf talentierte und unbeholfene Kollegen aufmerksam zu machen, die so unvorsichtig gewesen sind, »Genreliteratur« zu produzieren, und sich dadurch im Hinblick auf die Literaturkritik zu einem radikalen Schattendasein verdammt haben. Vor etwa zehn Jahren habe ich mich H. P. Lovecraft gewidmet. Unlängst übernahm Emmanuel Carrère den Schriftsteller Philip K. Dick. Das Problem ist, dass es noch andere gibt, viele andere, und selbst dann, wenn man sich lediglich auf die Klassiker beschränkt (jene, die um den Zweiten Weltkrieg herum begonnen haben zu veröffentlichen und deren Werk im Wesentlichen abgeschlossen ist). Clifford Simak etwa verdient allein für *Als es noch Menschen gab* einen Platz in der Literaturgeschichte. Zur Erinnerung: Dieser Roman besteht aus einer Folge kurzer Geschichten, die neben Hunden und anderen Tieren Roboter, Mutanten und Menschen in Szene setzen. Jeder Geschichte geht eine Streitschrift voraus, in der Philologen und Historiker, die unterschiedlichen Hundeuniversitäten angehören, zitiert werden. Ihre Debatten kreisen meist um folgende Frage: Hat es den Menschen wirklich gegeben, oder ist er, wie die meisten Spezialisten glauben, eine mythische Gottheit, von Urhunden erfunden, um das Geheimnis ihrer Herkunft zu erklären? Der intellektuelle Reichtum von Simaks Buch (*City* in der amerikanischen Ausgabe) beschränkt sich jedoch nicht nur auf die faszinierenden Überlegungen zur historischen Bedeutung der menschlichen Gattung. Er drückt sich auch in einer Reflexion über die Stadt aus, über ihre Rolle bei der Entwicklung sozialer Beziehungen, über die Frage, ob sie diese Rolle noch innehat oder nicht. Für die meisten Hunde hat die Stadt, ebenso wie der Mensch, nicht wirklich existiert. Einer dieser Expertenhunde hat sogar folgendes Theorem aufgestellt: Ein

Wesen, dessen Nervensystem komplex genug gewesen wäre, eine Entität wie z. B. eine Stadt zu errichten, wäre unfähig gewesen, sie zu bewohnen.

In ihrem goldenen Zeitalter konnte sich die Science-Fiction solche Dinge erlauben: eine wirklich perspektivische Sicht auf die Menschheit, auf ihre Traditionen, ihr Wissen, ihre Werte, ja auf ihr gesamtes Dasein. Sie war im eigentlichsten Sinne des Wortes eine philosophische Literatur. Sie war auch eine zutiefst poetische Literatur. Auch wenn Simak etwas ganz anderes mit ihnen beabsichtigte, reichen seine Beschreibungen der amerikanischen Landschaften und des amerikanischen Landlebens fast an Buchan heran, der das schottische Heideland benutzt, um den von ihm geschilderten Auseinandersetzungen zwischen der Zivilisation und der Barbarei, zwischen dem Guten und dem Bösen eine kosmische Dimension zu geben. Stilistisch gesehen stimmt es allerdings, dass die Science-Fiction nur selten an die Raffinesse und Eleganz der fantastischen – insbesondere englischen – Literatur des frühen 20. Jahrhunderts heranreicht. Obwohl sie ihre Blütezeit bereits Ende der fünfziger Jahre erreicht hat, zeigt sie erst seit kurzem Anzeichen von Ermüdung – so wie die fantastische Literatur kurz vor dem Auftreten Lovecrafts. Das ist vermutlich der Grund, weshalb kein einziger Autor bisher wirklich das Bedürfnis verspürt hat, die – ohnehin recht biegsamen – Grenzen des Genres auszudehnen. Die einzige Ausnahme ist vermutlich der seltsame, wirklich sehr seltsame Schriftsteller R. A. Lafferty. Lafferty vermittelt mitunter den Eindruck, mehr noch als Science-Fiction eine Art *Philosophy Fiction* zu schreiben. Sie ist insofern einzigartig, als der ontologischen Spekulation darin ein wichtiger Stellenwert zukommt als soziologischen, psychologischen oder moralischen Fragestellungen. In »Die Welt als Wille und Tapete« (der englische Titel »The World as Will and Wallpaper« enthält obendrein noch eine Alliteration) bemerkt der Erzähler, der die Grenzen des Universums erkunden will, nach einer gewissen Zeit Wiederholungen. Er findet sich in ähnlichen Situationen wieder, bis ihm klar wird, dass sich die Welt aus kleinen Entitäten zusammensetzt, die alle ein- und demselben Willensakt entstammen und die sich endlos wiederholen. Die Welt ist derart sowohl grenzen- als auch hoffnungslos. Ich kenne nur wenige Texte, die so packend sind. In *Arrive at Easterwine: The Autobiography of a Ktistec Machine* geht Lafferty bei der Veränderung gewöhnlicher Darstellungskategorien noch weiter. Der Text wird dadurch aber leider fast unlesbar.

Erwähnen muss man auch noch J. G. Ballard, Thomas M. Disch, Cyril M. Kornbluth, Norman Spinrad, Theodore Sturgeon, Kurt Vonnegut und all die anderen, die manchmal mit einem einzigen Roman oder sogar nur einer Kurzgeschichte mehr zur Literatur beigetragen haben als sämtliche Autoren des Nouveau Roman und die erdrückende Mehrheit der Krimiautoren. Wissenschaftlich und technisch gesehen war das 20. Jahrhundert auf dem Niveau des 19. Jahrhunderts. Literarisch und geistig gesehen aber war der Einbruch unglaublich, vor allem nach 1945. Die Bilanz ist ernüchternd: Wenn man sich nur die krasse naturwissenschaftliche Ignoranz eines Jean-Paul Sartre und einer Simone de Beauvoir vor Augen führt, die angeblich Philosophen waren, wenn man die fast unglaubliche Tatsache bedenkt, dass man Malraux – und sei es auch nur für einen kurzen Moment – für einen

»großen Schriftsteller« gehalten hat, lässt sich das Ausmaß an Verblödung ermessen, zu dem uns der Begriff des politischen Engagements verleitet hat, und man staunt darüber, dass Intellektuelle heute überhaupt noch ernst genommen werden. Man staunt z. B., dass sich immer noch Zeitungen finden, die bereit sind, die Albernheiten eines Bourdieu oder eines Baudrillard abzudrucken. Ich glaube, die Behauptung ist kaum übertrieben, dass von der zweiten Hälfte des 20. Jahrhunderts geistig kaum etwas übrig bliebe, hätte es nicht die Science-Fiction gegeben. Will man eines Tages eine Literaturgeschichte jenes Jahrhunderts schreiben, will man sich darauf einlassen, es rückblickend zu betrachten – damit voraussetzend, dass wir ihm entwachsen sind –, so ist das etwas, das berücksichtigt werden muss. Ich schreibe diese Zeilen im Dezember 2001. Ich glaube, es ist bald so weit.

PHILIPPE MURAY IM JAHRE 2002

Dieser Text erschien unter einem anderen Titel am 6. Januar 2003 in Le Figaro.

»Der Fortschritt ist nichts anderes
als die Entwicklung von Ordnung.«
Auguste Comte

Das Jahr 2002 wird davon geprägt sein, dass Philippe Murays[1] Gedankenwelt endlich einem breiteren Publikum zugänglich gemacht wurde. Nicht, dass die graublauen und umfangreichen Bände mit ihren abschreckenden Titeln die Massen angezogen hätten. Aber immerhin wurde er von zahlreichen auflagenstarken Wochenzeitschriften erwähnt und mitunter auch interviewt. Es ist jetzt im Großen und Ganzen möglich, Philippe Murays Positionen zu verfolgen, ohne dafür den Zeitungskiosk verlassen zu müssen. Das ist ein erheblicher Fortschritt. Und wenn wir wirklich über die Moderne sprechen müssen (ich hege da gelegentlich Zweifel), dann können wir genauso gut von seinen Büchern ausgehen. Im Vergleich zu der Epoche, in der man sich Bourdieu und Baudrillard zu Gemüte führen musste (ich gebe zu, diese Beispiele sind ein wenig karikaturistisch), ist das angenehmer und lehrreicher.

Nehmen wir an, Philippe Muray sei eine Maschine, die man mit (manchmal realen, von den Medien oft hochgespielten) Fakten speist und aus der dann Deutungen treten. Diese Deutungen leiten sich aus einer kohärenten Theorie her, die besagt, dass ein neuartiger, sanfter Terror starken Aufwind hat. Die Quintessenz dieses Terrors hat Muray in einigen brillanten und definitiven Bildern auf den Punkt gebracht (der »Homo festivus«, der »Appetit auf Strafrechtliches« und vor allem die Toleranz, »die neben sich nichts mehr toleriert«). Diese mittlerweile klassische Theorie sollte meines Erachtens zur Allgemeinbildung jedes kultivierten Menschen gehören.

Das Jahr 2002 bleibt auch das Jahr, in dem die Maschine »Muray« zum ersten Mal einige Fehler gemacht hat. Das will nicht heißen, dass sie nicht funktioniert, im Gegenteil. Man kann sogar sagen, dass sie noch nie so brillant gewesen ist. Seine wunderbare Beschreibung der Anti-Le-Pen-Demonstrationen, die Frankreich während der Präsidentschaftswahlen im April/Mai 2002 erheiterten, ist wahrscheinlich einer seiner schönsten Texte. Seine Qualitäten kommen darin voll zur Geltung: sein Weitblick, sein historisches Verständnis, seine Detailgenauigkeit und vor allem jener wunderbare Blick, der es ihm ermöglicht, unter allen Details jenes herauszufischen, das am bedeutungsschwersten ist, jenes, mit dem man einer Sache sofort auf den Grund gehen kann (in diesem Fall war es das Schild, das ein kleines Mädchen schwenkte und das die Aufschrift »Nein zu Bösewichten« trug).

In Wirklichkeit lautet meine These, dass es nicht Philippe Muray ist, der ins Schlingern gerät, sondern die Welt. Dass die Welt, die ihn umgibt, damit beginnt, abwegige Phänomene hervorzubringen, bei denen nicht sicher ist, dass sie durch Muray interpretierbar sind, die aber aus Murayscher Sicht zumindest ambivalent sind. Kurz gesagt, meine These lautet, dass das Einheitsdenken und der sich daraus ableitende sanfte Terror anfangen, Risse zu zeigen.

Beginnen wir mit der trostlosen Affäre *Rose Bonbon*[2]. Für Philippe Muray (vom *Le Figaro Magazine* auf dem Höhepunkt der Aufregung befragt) war sie eine Wiederholung des langweiligen Gebarens zwischen Zensor und Zensiertem (die in der Regel mit der ihn lächerlich machenden Niederlage des Zensors endet). Auch wenn die Ereignisse ihm in diesem Falle recht zu geben scheinen, erinnere ich daran, dass die Affäre lange auf der Kippe stand und dass erst das Eingreifen Nicolas Sarkozys ihr ein Ende setzte. Sarkozy war klar geworden, was es im Hinblick auf eine künftige Präsidentschaft bedeuten würde, dauerhaft mit einer »Rückkehr zur moralischen Ordnung« assoziiert zu werden. Der Verein *L'Enfant Bleu* verlor, doch unter Umständen, die auf einen baldigen Sieg hindeuteten. Die Wahrheit in dieser Affäre besteht darin, dass die erfolgstrunkenen Ritter des Kreuzzugs gegen die Pädophilen keine Grenzen mehr kennen; nicht einmal den Respekt der Unschuldsvermutung und erst recht nicht den der »Redefreiheit des Schriftstellers«. So konnte man atemraubende Argumente hören, wie dass sich Jones-Gorlin in seiner Eigenschaft als Schriftsteller gleich doppelt schuldig gemacht habe, da man ihm nicht einmal die *Authentizität des Augenzeugenberichts* zugute halten könne. Ich übertreibe nicht, das ist gesagt und geschrieben worden von Leuten, die Vereine verantworten.

Die Verfechter des »richtigen« Einheitsdenkens befinden

sich hier in einer schmerzlichen Situation. Denn ebenso sehr, wie sie Künstler als Störenfriede lieben, lieben sie kleine Kinder. Mit anderen Worten haben wir es hier mit einem Widerspruch zu tun, der sich innerhalb des »richtigen« Einheitsdenkens (das ich der Einfachheit halber in der Folge »die Linke« nennen werde) auftut.

Mein eigenes Gerichtsverfahren scheint auf den ersten Blick weniger spannend, denn ich bin ein Mann aus Westeuropa, sprich: eine Art Banause. Insofern sind meine Positionen nur logisch. Der einfallsreiche Kritiker Pierre Assouline hat sogar herausgefunden, dass mich von jeher ein zwanghafter Hass auf die Araber belebt, ja dass er – allem Anschein zum Trotz – das wahre Thema von *Plattform* und womöglich von all meinen Büchern ist. Ich frage mich wirklich, was mich davon abgehalten hat, diesen ärmlichen Kerl zu verklagen. Ich muss meinen *Appetit auf Strafrechtliches* offenbar noch ausbauen. Doch unabhängig von meinem Fall dürfte jedem aufmerksamen Beobachter klar sein, dass es demnächst Probleme geben wird. Dass die Linke, ohne ihre Jagd auf die Feinde des Islam zu beenden, Taslima Nasreen weiter wird unterstützen müssen (die ihrerseits schwungvoll wiederholt, dass Dummheit und Grausamkeit nicht monströse Ausrutscher des Islam sind, sondern ein ihm immanenter Bestandteil). Wenn ich zudem in Betracht ziehe, dass sich solche Beispiele in nächster Zeit wahrscheinlich häufen werden (ganz zu schweigen von dem Gesindel aus den Vororten, das in den Antisemitismus abdriftet, sowie allen möglichen anderen Sorgen), kommen mir jene Laborratten in den Sinn, die von gefühllosen Verhaltensforschern unaufhörlich widersprüchlichen Stimuli unterworfen werden. Ich kann mich nicht mehr genau daran erinnern, was mit ihnen passiert. Es ist auf jeden Fall nichts Erfreuliches. Mit einem Wort: Um die Linke ist es schlecht bestellt.

Die bislang bedeutungsvollste Episode dieser sich vor uns ausbreitenden neuen Ära ist zweifellos die Affäre der »Neuen Reaktionären«[3], über die in den Zeitungen bereits ausführlich berichtet wurde. Das Buch hat gelinde gesagt nur wenig Zuspruch gefunden. In seiner Funktion als Chefbulle konnte Edwy Plenel[4] nicht anders, als seinen Untergebenen zu decken. Dieser Aufgabe ist er gewissenhaft, wenn auch ohne Begeisterung nachgekommen. Vielleicht spürte er bereits, dass die Sache schlecht angelaufen war. Die meisten Journalisten scheinen sich dieses langweilige Namedropping nur widerstrebend vorgenommen zu haben. Verglichen mit dem spürbaren Genuss, mit dem sie aus einem von Philippe Murays Wälzern zitieren, und sei es das winzigste Zitat, erschien es ihnen offensichtlich zu lang, trotz der nur sechsundneunzig Seiten.

Doch das alles war noch kein wirklicher Grund zur Beunruhigung. Dass ein Linker ein langweiliges Buch schreibt, lag eher in der Ordnung der Dinge. Unerwartet dagegen war die Reaktion der Angeklagten. Der unglückliche Lindenberg war wahrscheinlich davon ausgegangen, dass sie wie kleine Mäuse auseinanderstreben und sich voneinander distanzieren würden. Das Gegenteil trat ein. Alain Finkielkraut bekam geradezu einen Wutanfall und bezeichnete das Buch als »dumm« und »scheußlich«. Pierre-André Taguieff, der etwas mehr Humor bewies, begrüßte das Hervorbringen des ersten »Softpamphlets« durch die »Zentrumsextremen«. Zusammen mit ein paar anderen verfassten die beiden unverzüglich ein »Manifest für freies Denken«. Es war also weder die Scham noch die Angst davor, entlarvt zu werden, die sich in ihren schuldvollen Blicken spiegelte, sondern eher ein leichtes Funkeln der Befriedigung bei der Ankündigung der Wiederaufnahme der Kampfhandlungen.

Von noch größerer Bedeutung war etwas anderes: Es waren vor allem die Gegner der im Buch Angeklagten, die sich gegen die Wortschöpfung der »Neuen Reaktionären« wehrten. Die Betroffenen selbst schienen sich eher darüber zu freuen. (Was mich betrifft, bestätige ich: Einer Liste anzugehören, auf der Alain Finkielkraut, Pierre-André Taguieff, Christopher Lasch, Philippe Muray und Maurice Dantec stehen, kann mich nur erfreuen. Die anderen kenne ich weniger, das macht mir aber eher Lust, sie zu lesen.) So weit ist es also gekommen: In der Befürchtung, die Angeklagten könnten die widerliche Bezeichnung für sich in Anspruch nehmen, sprachen ihre Gegner sie davon frei.

Doch das Übel war angerichtet, der Wurm im Apfel. Unglücklicher Lindenberg – entscheidende Veränderungen haben mitunter belanglose Vorfälle zur Ursache. Erinnern wir daran, dass die »Neuen Reaktionären« noch wenige Monate zuvor so schwach, schattenhaft und unorganisiert waren, dass sie es nicht einmal vermocht hatten, Jean-Pierre Chevènements[5] Präsidentschaftskandidatur angemessen zu unterstützen. Dieses schmale Bändchen bewirkte, dass ihre Reihen zusammenrückten, dass ihnen klar wurde, dass Geistesgrößen und Talente unter ihnen waren, und dass sie unfreiwillig zur führenden intellektuellen Kraft des Landes aufstiegen. Genosse Rosanvallon[6], Ihr Streich war genial: Auf dem nächsten Gipfel in Davos erhalten Sie dafür alle unsere Glückwünsche.

Nachdem feststeht, dass wir die Besten sind, können wir einem Publikum, das den qualitätvollen Schlagabtausch schätzt, endlich vorführen, wie weit unsere innere Zerstrittenheit reicht. Ich persönlich habe bereits eine Debatte mit Philippe Muray über die Vorzüge des Massentourismus in meinem Terminkalender notiert; eine andere mit Maurice Dantec über die Aussichten der menschlichen Fortpflanzung durch das Klonen; eine Art Generalkolloquium über den Monotheismus und unter Umständen ein weiteres über die Prostitution (die beiden Themen haben insofern etwas gemeinsam, als jeder etwas zu ihnen zu sagen hat). Ich sage es Ihnen lieber gleich: 2003 verspricht ein geiles Jahr zu werden. Machen Sie sich auf etwas anderes gefasst als auf die Stiftung Saint-Simon7!

Jetzt müssen wir nur noch einen Sponsor finden, und somit wende ich mich, ein wenig aufgewühlt, an euch, liebenswerte, klassische, reaktionäre, edle Hüter der Welt von gestern, Freude sei euch in dieser Weihnachtszeit beschert, denn der Ewige hat euch eine zahlreiche Nachkommenschaft beschieden. Wahrscheinlich habt ihr den massiven Ansturm auf eure ehemals so friedlichen Gestade mit ein wenig Sorge verfolgt; umso mehr, als alle vorausgegangenen Erscheinungsformen des »Neuen« (der Neue Roman, die Neuen Philosophen) einen berechtigten Verdacht auf die Qualität dieser Immigration geworfen hatten. Seid unbesorgt: Wir sind intelligent, wir sind fleißig und mit euren Traditionen vertraut. Wir verstehen es, uns anzupassen. Wir sind imstande, das Beste aus eurer Tradition zu bewahren. Wir halten sie aufrecht. Außerdem verstehen wir es, jene Anpassungen vorzunehmen, die für den Eintritt ins dritte Jahrtausend unumgänglich sind. Entspannt euch, Kids, wir nehmen die Dinge in die Hand. Das Ende des Tunnels ist sichtbar. Ich brauche euch unsere Intellektuellen nicht anzupreisen, ihr kennt sie bereits. Ihr wisst, dass sie mit Finkielkraut und Taguieff über bemerkenswerte Rekruten verfügen, die jedes Argument einer »neuen Linken«, falls sie sich denn präsentieren sollte, zu entkräften imstande wären. Der Fall der Schriftsteller ist zugegeben etwas heikler. Ihr seid hoffentlich damit einverstanden, dass wir die Frage der Sitten (Drogen, Sexorgien) schnell zu den Akten legen. Ihr habt schon ganz andere verdaut, die kaum mehr taugten. Wer aber kann voraussagen, was ein Maurice Dantec in fünf Jahren denken wird? Es hat den Anschein, als ob er sich im Moment von guten Autoren inspirieren lässt (Revel, de Maistre). Doch sein eigentliches Projekt ist weiterhin eine Synthese von Katholizismus und Nietzsche. Ein unmögliches und daher unheimliches Vorhaben. Denn selbst wenn es interessante Nebeneffekte haben kann (die Produktion von Meisterwerken), bietet es keine Garantie wirklicher ideologischer Zuverlässigkeit. Zugegeben, mein eigener Fall ist in Anbetracht der Autoren, die ich gern zitiere (Schopenhauer, Auguste Comte und wenn ich gut gelaunt bin Wittgenstein), kaum weniger problematisch. Tja, wie soll ich es sagen? Ihr werdet es auf euch nehmen müssen, ideologische Verirrungen mit einem mitfühlenden oder spöttischen Schleier zu verhüllen, ihr werdet euch die Mühe machen müssen, euch einzig und allein auf die literarischen Qualitäten der Texte zu konzentrieren. Das könnt ihr. Das habt ihr schon getan, davon legt eure glorreiche Vergangenheit Zeugnis ab. Habt keine Angst. Ich spüre, dass ihr auf einem guten Weg seid.

AUF DEM WEG ZUR TEILREHABILITIERUNG DES BANAUSEN

Dieser Text wurde im Internet publiziert.

In einem unlängst veröffentlichten Artikel des *Nouvel Observateur*, der sich mit den Leiden der Linken beschäftigt, begeht der ausgezeichnete Laurent Joffrin meiner Meinung nach einen Fehler, indem er erklärt, dass mich meine Aussage, der Islam sei »die dümmste aller Religionen«, in die Nähe des durchschnittlichen oder auch »Lambda«-Banausen rückte. In Frankreich, einem Land mit stark antikirchlicher Tradition, wäre die Einstellung des Lambda-Banausen etwa die: »Für mich sind alle Religionen gleich, das ist doch gehüpft wie gesprungen.« Der Bitte folgend, das näher zu erklären, würde er wahrscheinlich ausführen: »Das ist ein einziger Schwachsinn, der die Leute nur unterdrückt, der sie daran hindert, sich zu verwirklichen, und sie dazu verleitet, sich gegenseitig umzubringen; der sich mit goldgewirkter Bekleidung ausstaffiert, während das arme Volk vor Hunger verreckt.« Diese Meinung klingt – wie alle Haltungen des Lambda-Banausen – zunächst einmal einleuchtend.

Da der Banause aber nur schwer auszumachen und demzufolge schwer zu befragen ist, seien zu seiner Illustration einige berühmte Banausen herangezogen: Guy Bedos[1], Siné[2] (erinnert sei hier an die Eleganz, mit der er sich zu Catherine

Millet geäußert hat) oder besser noch Cabu[3], der den Begriff des »Banausen«[4] geprägt hat. Stellen wir zunächst fest, worin ihr Banausentum besteht: Der Kategorie des Lambda-Banausen gehören sie natürlich nicht an, und ein Begriff wie der des »Alpha-Banausen« sollte charismatischeren Persönlichkeiten wie Jean-Marie Le Pen vorbehalten bleiben. Mir scheint, der Begriff »Beta-Banause« passt ganz gut zu ihnen, doch trifft der Begriff »verkrüppelter Banause« meiner Meinung nach noch besser auf sie zu. Denn obwohl sie eine natürliche Veranlagung zum Banausentum haben, haben sie es nicht verstanden, Gewinn daraus zu schlagen (ein traumatisches Ereignis hat sich zugetragen, etwas, das sie vom Weg abgebracht hat). Die ungetrübte Gelassenheit des Banausen ist ihnen so verwehrt geblieben. Daher rührt das etwas Verkrampfte, Boshafte in ihnen, das sich u. a. darin äußert, dass es ihnen an Humor fehlt. Der Zen-Buddhist ist mitunter ziemlich lustig, der Prollbanause ebenfalls, Cabu dagegen nie.

Und wie denkt nun Cabu über Religionen? Ungefähr so, wie ich es oben beschrieben habe. Wenn für Cabu alle Religionen gleich sind, dann deswegen, weil er nicht in der Lage ist, sie voneinander zu unterscheiden. Mit Ausnahme vielleicht ihrer Kleidung.

Dem verkrüppelten Banausen fehlt es nicht nur an Verstand und an Humor, ihm gebricht es mehr noch an moralischem Empfinden. Erinnern wir daran, dass ein Großteil von Cabus grafischem Werk darin bestanden hat, sich über Behinderte lustig zu machen und hinterfotzig für ihre Vernichtung zu plädieren (vgl. die bestialische Hartnäckigkeit, mit der er die Kategorie »Nun lasst sie doch leben« konsequent mit Bildern von Mongoloiden und Querschnittsgelähmten speist, die nur grob ein unterschwelliges »Bringt sie doch um« verdecken). Unfähig, die Religionen klar voneinander zu unterscheiden, ist er zu einem Werturteil erst recht nicht in der Lage. Z. B. ist er unfähig zu sagen, diese Religion ist nobel und ausgezeichnet, jene andere ist Mittelmaß und von nur geringem Nutzen. Diese dritte indes ist wirklich unerträglich. Dabei sind gerade eine intellektuelle Prüfung der Religionen und eine Beurteilung ihrer Moral eine Aufgabe, der sich jeder Mensch stellen muss. Der gewöhnliche Banause, der eine Art tierische Unschuld für sich in Anspruch nimmt, spricht sich davon frei. Seine Lossagung, mit der er sich über seinesgleichen erheben will, zwingt zu einem strengen Urteil und dem Schluss, dass er darin wie auch in anderen Belangen leicht unter dem Durchschnittsniveau der Menschheit steht.

PRÄLIMINARIEN ZUM POSITIVISMUS

Dieser Text erschien als Vorwort zu Michael Bourdeaus Werk Auguste Comte aujourd'hui *(Kimé, 2003).*

Das Ende der Metaphysik

Alles im politischen und moralischen Denken des Auguste Comte scheint wie geschaffen dafür, den modernen Leser zu verärgern. Genau darum geht es in diesem Band. Doch bevor wir zum eigentlichen Thema kommen, sollte ein Problem wenn nicht aus dem Weg geräumt, so doch zumindest berücksichtigt werden. Ihm, Comte, schien das Ende der Metaphysik unmittelbar bevorzustehen. Doch mehr als ein Jahrhundert später sind wir ihr noch immer nicht entwachsen. Mehr noch, wir haben weniger denn je die Absicht, ihr zu entwachsen. Angesichts der vielen Zeitschriften, die die »Rückkehr Gottes« regelmäßig als Titel bringen, könnte sich ein Satiriker sogar die Frage stellen, ob wir nicht in Gefahr schweben, ihr *durch die Hintertür* zu entwachsen.

Etwas ernsthafter könnten wir uns fragen, ob das metaphysische Denken – das Comte zum Trotz alles andere als eine Übergangsphase inmitten des Auflösungsprozesses der ihm vorangegangenen Theologien ist – nicht zur Folge hat, dass diese Theologien künstlich am Leben erhalten werden, und zwar durch die Ungewissheit, die jede Metaphysik in sich birgt.

Das Zeitalter der modernen Metaphysik beginnt mit René Descartes. Die erstaunlichen wissenschaftlichen und technischen Fortschritte der Renaissance waren von einer Art philosophischer Unschuld begleitet worden. Ein Denken, das sie zu strukturieren vermocht hätte, hatte es nicht gegeben. Wahrscheinlich war das der Grund, weshalb die katholische Kirche die Gefahr nicht gleich erkannte und zu spät reagierte, zu einem Zeitpunkt, an dem die geistigen Fundamente ihrer Autorität bereits unterhöhlt waren. Descartes, der auf diesem Trümmerfeld weit und breit allein stand, vollbrachte etwas wirklich Neues, als er das Physische zum ersten Mal in dieser Deutlichkeit vom Metaphysischen trennte. Indem er die unnützen Denkkategorien »Materie« und »Geist« einander gegenüberstellte, schuf er im selben Zug die Voraussetzungen für die meisten der philosophischen Irrtümer, die in der Folge begangen wurden.

Die Denkkategorie des Geistes, die ausdrücklich dafür konzipiert worden war, gegenstandslose Probleme (wie Gott oder die menschliche Seele) in ihr einzuschließen, sollte einen stürmischen Niedergang erfahren, auch wenn dieser gekennzeichnet war von diversen Versuchen, ihr neues Leben einzuhauchen. Einige dieser Versuche, wie jener der Kantianer, waren grandios. Andere, wie die unterschiedlichen Strömungen der Psychologie, jämmerlich.

Die Erfolgsserie der Materie scheint indes nicht abzureißen. Noch heute ist der Kartesianismus in seiner Demagogie und Vereinfachung (einerseits ein maschinenartiges Universum, bestehend aus materiellen Verzahnungen; andererseits der Geist, wie vorsichtshalber dort hingestellt, um von empfindsamen Seelen oder für heikle Fälle benutzt werden zu können) die gängige Denkweise. Mitunter wird er sogar mit der wissenschaftlichen Methode oder dem Positivismus verwechselt. Ein grausamer Irrtum, hat er doch dessen Verbreitung nur im Weg gestanden. Von Anfang an hat der Kartesianismus versucht, sich Newtons Physik zu widersetzen, mit der Begründung, dass ein Vorgang, der sich in einem Vakuum ausbreitet, für einen Materialisten unvorstellbar sei. Erst die experimentelle Evidenz brachte ihn schließlich zur Vernunft. Die Debatten, in denen es Jahre später und das gesamte 20. Jahrhundert lang um die Auslegung der Quantenmechanik ging, lassen sich nur als der Versuch erklären, die Material- und Kausalontologie um jeden Preis zu retten. Denn für den Positivisten stellen weder die Newtonsche Mechanik noch die Quantenmechanik ein besonderes Problem dar. Naturgesetze werden aufgestellt, die es ermöglichen, Phänomene modellhaft abzubilden und experimentelle Ergebnisse vorauszusagen. Entitäten werden nicht über das Notwendige hinaus vervielfacht: Was sonst?

Bereits Blaise Pascal (der sich mit den Naturwissenschaften befasst hatte, bevor er seiner mystischen Nacht verfiel) hatte uns vor dem Kartesianismus gewarnt: »Man muss im Großen und Ganzen sagen: Das geschieht durch Gestalt und Bewegung. Denn das ist wahr, doch zu sagen, welche Gestalt und welche Bewegung, und die Maschine zusammenzusetzen, ist lächerlich. Denn das ist nutzlos und unsicher und mühselig.« Diese Sätze, scharf wie ein Ockham-Rasiermesser, sind in ihrer charakteristischen Überheblichkeit schon positivistisch inspiriert. In den Augen des Positivisten findet die Materie genauso wenig Gnade wie Gott. Ontologische Bescheidenheit, die Unterordnung unter eine experimentelle Vorgehensweise, der Wille, zunächst vorauszusagen und wenn möglich zu erklären: Ein Stil war geboren, der zwar alle wissenschaftlichen Entdeckungen der letzten fünf Jahrhunderte möglich gemacht hat, dem es aber bisher nicht gelungen ist, das breite Publikum zu überzeugen.

Denn wenn es sogar den Physikern nicht gelungen ist, die Geister der Metaphysik endgültig in die Flucht zu schlagen, was soll man dann von den anderen sagen? Erinnern wir daran, dass Auguste Comte die Absonderung einer Wissenschaft namens »Psychologie« für unnötig hielt (für ihn handelte es sich um einen Zweig der Tierphysiologie) und dass sich nach seinem Tod Theorien entwickelten, die die Existenz des Individuums einfach voraussetzten, ein nicht wiedergutzumachendes Noumenon, dessen Erscheinungsform wahrscheinlich so etwas wäre wie das »Ich«. Und im Hinblick auf die Politik reicht der Verweis auf einen Zug, den Comte für eins der Grundübel der Metaphysik hielt, nämlich die Neigung, zu argumentieren statt zu beobachten. Es genügt zu betrachten, wie weit es damit bei uns gekommen ist. Und es genügt ebenfalls, sich die anhaltende Beliebtheit der »Sozialvertrags«-Theorien ins Gedächtnis zu rufen, die sich zum einen auf die Fiktion freier Individuen stützen, deren Existenz jener des Kollektivs vorausginge, und zum anderen auf den – sich daraus ableitenden – Begriff der von jeder Pflicht entkoppelten »Menschenrechte«.

Comte, der es als gegeben ansah, dass die Wissenschaften der Materie und des Lebenden zum Positivismus übergegangen waren, schlug vor, diesen auch auf die Sozialwissenschaften zu übertragen. Seine ganze Philosophie ist im Grunde nur durch einen riesigen Fehler bei der Einschätzung von Geschichte möglich gemacht worden. Da sich ihre Prämissen nicht verwirklicht haben und sich auch in nächster Zeit nicht verwirklichen werden, kann sie erst in unbestimmter Zukunft mögliche Auswirkungen zeigen.

Comtes seltsamer Geschichtsoptimismus ist typisch für seine Zeit. Heutzutage fällt es schwer, sich den unglaublichen Elan vorzustellen, der Europa nach der Französischen Revolution erfasste und der auch von den Herrschaftsjahren Napoleons kaum gebremst wurde. Das trifft natürlich auch auf den Bereich der Literatur zu. Beschränken wir uns ruhig auf Frankreich oder sogar auf Paris: Wenn man bedenkt, dass Autoren wie Honoré de Balzac, François-René de Châteaubriand oder Victor Hugo (und dabei handelt es sich nur um die wichtigsten Beispiele) um 1830 auf dem Gipfel ihres Schaffens angelangt waren, dann bekommt man eine Vorstellung von der mächtigen, unausgegorenen, überschäumenden Kreativität, die sich in alle Richtungen ausbreitete. Dass das auch für die Philosophie galt, ist von Deutschland bekannt, von Frankreich weit weniger. In Anbetracht der Gegensätzlichkeit ihrer Denksysteme mag es überraschen, wenn ich Auguste Comte in die Nähe von Charles Fourier rücke. Doch haben beide etwas gemeinsam: Ansichten, die an Größenwahn, ja an Irrsinn grenzen (vom Typ Delirium bei Fourier und vom Typ Manie bei Comte), und die Gewissheit, dass sich die Gesellschaft innerhalb weniger Generationen, ja innerhalb weniger Jahre – je nachdem, welche soziale Schicht betroffen ist – auf einen völlig neuen Sockel stellen und umorganisieren lässt.

Fouriers großes Thema ist etwas, das man die »Motivation der Erzeuger« nennen könnte. Dort ragt er heraus, dort prognostiziert er überwältigende, sich innerhalb eines Menschenlebens vollziehende Verbesserungen. Comte hat dazu nicht viel zu sagen (das trifft aber auch auf Proudhon, Marx und in Wahrheit – mit Ausnahme von Fourier – auf alle Gesellschaftsreformer zu). Die andere Neuerung, für deren Realisierung er mit einem längeren Zeitraum rechnete, betrifft die Familie, das Eheleben und die allgemeinen Sexualsitten. Auch da begnügt sich Comte (mit Ausnahme der seltsamen Vorwegnahme einer am Ende jungfräulichen Mutter) mit der Wiedergabe bereits bestehender Schemata.

Dafür sind Charles Fouriers Auslassungen auf anderen Gebieten beachtlich. Er setzt sich weder mit Besitz- und Erbschaftsverhältnissen noch wirklich mit politischen Gesellschaftsordnungen auseinander und vor allem fast gar nicht mit der Religion – zu einer Zeit, in der in Frankreich das religiöse Fundament der Gesellschaft zusammenbricht, begnügt er sich mit vagen Aufrufen gegen den Atheismus. Beide Autoren haben zudem gemeinsam, dass sie viel – und zu schnell – schreiben, während sie sich zugleich finanziell absichern müssen; und beide setzen sich über stilistische Konventionen, selbst über die verbreitetsten, hinweg. Außer für ein paar Eigenbrötler, die ihre merkwürdige Art vergöttern und in ihr ein Zeichen von Genie sehen – der Umweg über das Burleske bei Fourier, die zwanghafte Wiederholung bei Comte –, gelten sie heute als unlesbar.

Bisher ist es Fourier, der mehr kommentiert wurde, wahrscheinlich, weil die sexuelle Obsession im 20. Jahrhundert immer stärker geworden ist. Es heißt, das breite Publikum sei erneut auf der Suche nach Geistigem. Diese Auslegung scheint mir ein wenig übereilt. Die sexuellen Bedürfnisse erscheinen mir heute wesentlich dringlicher als die geistigen. Aber angenommen, sie würden befriedigt, und es träten in der Folge geistige Bedürfnisse zutage, täte man gut daran, sich erneut mit Comte zu beschäftigen. Denn sein wahres Thema, sein hauptsächliches Thema, ist die Religion; und dass er da neue Wege beschreitet, lässt sich nicht abstreiten.

Die Begründung der Religion

Der Mensch gehört einer sozialen Gattung an. Auf dieser Feststellung basiert das Comtesche Denken, und man darf sie nicht aus den Augen verlieren, will man auch nur die geringste Aussicht haben, Zugang zu seinen Ausführungen zu finden. Wenn Comte die Gesellschaftsformen, die unterschiedlichen Organisationsweisen und das Entstehen der menschlichen Gattung untersucht, dann tut er das sehr umfassend: Die Besitz- und Familienverhältnisse, die Produktionsweisen, das Schulwesen, die Wissenschaften, die Künste – nichts entgeht seinem herrlichen Systematismus. Doch unter allen von einer Gesellschaft hervorgebrachten Strukturen, die diese im Gegenzug zugleich begründen, scheint ihm die Religion die sowohl wichtigste als auch die charakteristischste und bedrohteste zu sein. Comte zufolge lässt sich der Mensch im Großen und Ganzen als ein Sozialtier mit religiösem Einschlag bezeichnen.

Vor ihm betrachtete man die Religion vor allem als ein Denksystem, das dazu diente, die Welt zu erklären. Alles andere leitete sich mehr oder weniger aus ihr ab. Comte war nicht nur einer der Ersten, die spürten, dass dieses Denksystem endgültig überholt war; er verstand auch als einer der Ersten, dass die Fundamente der sozialen Ordnung, einmal ihrer religiösen Basis beraubt, ihrerseits zusammenbrechen würden. Er war einer der Ersten, die verstanden, dass eine rationale Erklärung des Universums sich mit einem bescheideneren Diskurs würde zufriedengeben müssen, und er war der Allererste, der versuchte, der sozialen Ordnung eine neue religiöse Basis zu verschaffen.

Das ist ihm, um es gelinde zu sagen, nicht gelungen: Die positive Religion hatte zwar ein paar Anhänger, ist dann aber eingeschlafen. Ein solches Scheitern eines Philosophen, der nicht nur dem Bereich der Spekulation zugeordnet werden wollte, sondern auch dem einer kurzfristig in die Praxis umsetzbaren Effizienz, muss uns zu denken geben.

Comte hatte sehr wohl verstanden, dass die Aufgabe der Religion (die sich dabei weiterhin in ein für den Verstand annehmbares Weltbild einfügen muss) darin bestand, eine Verbindung zwischen den Menschen herzustellen und ihr Zusammenleben zu regeln (an dieser Stelle kann man nichts Besseres tun, als auf Comtes Text und dessen Terminologie zu verweisen): Er hatte sowohl die Sakramente als auch einen Kalender vorgesehen. Wie tief aber der Wunsch nach Unsterblichkeit im Menschen wurzelte, hatte er vielleicht nicht verstanden – die Abschnitte, in denen er, die Frage von sich aus anschneidend, das Gespräch auf das Gebet lenkt, sind packend. Da er sich wahrscheinlich nicht die Zeit genommen hatte, das von ihm Geschriebene noch einmal durchzulesen, hat in seiner Philosophie eine Art Zweifel im Urzustand überlebt. Wie dem auch sei, die Vorstellung einer abstrakten, dem menschlichen Gedächtnis eingebrannten Unsterblichkeit hat seine nach dem Versprechen eines konkreteren Überlebens süchtigen Zeitgenossen nicht überzeugt (von den unseren ganz zu schweigen). Aber nehmen wir an, die Voraussetzungen für das Comtesche Denken hätten sich verwirklicht – was womöglich noch mehrere Jahrhunderte in Anspruch nehmen wird. Nehmen wir an, die Theismen wären ausgestorben, der Materialismus aus der Mode und der Positivismus etabliert als das einzige wirksame Denken des wissenschaftlichen Zeitalters.

Nehmen wir weiterhin an, dass man sich darauf geeinigt hätte, dass der »unersetzliche und einzigartige« Charakter des menschlichen Individuums eine hochtrabende Fiktion ist; dass sein soziales Wesen in seinem ganzen Ausmaß anerkannt wurde und berücksichtigt wird. Nehmen wir an, dass all das nicht länger Gegenstand von Kontroversen und Auseinandersetzungen ist, sondern Gegenstand einer objektiven Einschätzung, die einen Konsens bildet wie gegenwärtig die Erkenntnisse der Gentechnik. Inwieweit hat uns das bei der Begründung einer gemeinsamen Religion auch nur im Geringsten weitergebracht? Wodurch wird der Gedanke an die Menschheit bzw. an das Große Wesen dem Einzelnen wünschenswerter erscheinen? Und was wird den Einzelnen, der sich des Verschwindens seiner Individualität bewusst ist, dazu bewegen, sich mit der Teilnahme an einem theoretischen Fetisch zufriedenzugeben? Und last but not least, wer interessiert sich für eine Religion, die keine Versicherung für den Tod darstellt? Comte antwortet auf diese Fragen nicht, und wahrscheinlich gibt es auch keine Antworten. Vermutlich wird die Begründung der körperlichen Unsterblichkeit durch technologische Mittel eine unumgängliche Etappe auf dem Weg zu einer neuen Religion sein. Doch was uns Comte zu verstehen gibt, ist, dass diese Religion, eine Religion für die Unsterblichen, fast genauso notwendig sein wird.

Almeria, Oktober 2002

GESPRÄCH MIT GILLES MARTIN-CHAUFFIER UND JÉRÔME BÉGLÉ

Dieses Gespräch erschien im Oktober 2006 in der Ausgabe Nr. 3000 der Zeitschrift Paris-Match.

Wie schätzen Sie die französische Literatur der letzten Jahre ein?

1994 erschienen Vincent Ravalecs Erzählband *Cantique de la racaille* (»Loblied auf den Abschaum«) und mein Buch *Ausweitung der Kampfzone*. Im gleichen Jahr wurde der Literaturpreis Prix de Flore ins Leben gerufen und die Monatszeitschrift *Les Inrockuptibles* in eine Wochenzeitschrift umgewandelt. Etwas Neues war entstanden. Einige Unternehmen, wie z. B. der Fernsehkanal Canal+ oder der Taschenbuchverlag J'ai lu, griffen diese Tendenz sehr schnell auf. Der Slogan »Neue Generation« auf den Umschlägen von J'ai lu ärgerte damals alle Beteiligten – wir waren zu sehr Individualisten, um uns einer Generation zugehörig zu fühlen. Doch nachträglich betrachtet war das die Wahrheit. Die Verlage J'ai lu und Librio haben ausgezeichnete Arbeit geleistet. Es traten Leute an, die ihre Allgemeinbildung dem Taschenbuch verdankten – der »klassischen« Literatur, aber auch Genretiteln (Krimi, Fantasy, Science-Fiction). Dagegen hatten sie ihre unmittelbaren Vorgänger nur sporadisch gelesen.

Galt das nicht auch für Philippe Djian?

Ja, das ist richtig, er war unser Wegbereiter – aber er stand allein und hatte daher weniger Einfluss.

Hat die Krimireihe Série Noire[1] eine große Rolle gespielt?

Auch wenn Maurice G. Dantec[2] der Einzige war, der wirklich in ihr debütiert hat, kannten wir sie alle. Die Série Noire war lange Zeit die einzige Reihe, in der die literarische Tradition einer Auseinandersetzung mit der Welt aufrechterhalten wurde, ein Thema, das der schöngeistigen Literatur zu gewöhnlich geworden war. Leider verleitete das linksextreme Engagement vieler Krimiautoren diese zu stereotypen Ansichten (ein typisches Thema etwa sind Machenschaften um Immobilien in der Gegend von Nizza, in die ein konservativer Abgeordneter verwickelt ist). Zudem verboten ihnen die dem Genre eigenen Klischees, Intimes zu behandeln (so ist es z. B. schwierig, in Krimis eine echte Frauenfigur ausfindig zu machen). Dennoch hat diese Reihe, angeregt von ihrem Herausgeber Patrick Raynal, eine sowohl populäre als auch qualitätvolle Tradition aufrechterhalten – das hat es bisher in Frankreich im Bereich der Science-Fiction oder der phantastischen Literatur nicht gegeben.

Hat sich diese Tendenz, die Mitte der Neunziger sichtbar wurde, wieder gelegt?

Mein Gefühl ist, dass letztes Jahr etwas kaputtgegangen ist. Der Tod von Guillaume Dustan[3] hat mir sehr zugesetzt.

Er war ein außergewöhnliches, extremes Wesen, er war durch seine Präsenz genauso wichtig wie durch seine Bücher. Und dann starb Philippe Muray. Er war respektlos, er hatte vor niemandem Angst. Sie werden uns in den kommenden Jahren sehr fehlen.

Wodurch ist diese Tendenz abgelöst worden?

Durch versöhnlichere Texte – zur großen Erleichterung aller Beteiligten. Eine Literatur, die erbaut, Gefühlskitsch und voraussehbare Empörung erleben ein wirkliches Comeback. Philippe Claudel etwa könnte diese Strömung ganz gut symbolisieren.

Verstanden die großen Literaten – die des 19. Jahrhunderts, Flaubert – es nicht besser, dem Negativen einen Platz einzuräumen?

Wenn eine Gesellschaft stark und selbstsicher ist, wie das Frankreich des 19. Jahrhunderts, dann verkraftet sie eine negative Literatur. Das kann man vom heutigen Frankreich nun wirklich nicht behaupten. Die Leute brauchen Zuspruch. Sie ertragen nicht mehr die leiseste Spur von Negativität, ja nicht einmal von Realismus.

Warum ist diese literarische Schule verschwunden?

Wir waren letztlich weniger auf Karriere bedacht, als es zunächst den Anschein hatte. Das ist mir klar geworden, als im Verlagshaus Flammarion die Nachfolge von Raphaël

Sorin[4] anstand. Man fragte mich damals, ob ich jemanden wüsste, der ihn ersetzen könnte. Ich hätte sagen können: »Ja, mich«, aber für den Job des Lektors war ich zu faul. Ich habe dann Frédéric Beigbeder vorgeschlagen; ich dachte, das könnte ihm Spaß machen. Zwei Jahre später hat er gekündigt. Das zeigt einen bedauernswerten Mangel an Hartnäckigkeit, wenn es darum geht, Machtpositionen besetzt zu halten. Von all den Leuten, die Mitte der Neunziger in Erscheinung getreten sind, hat keiner ausreichend Macht gewollt. Leute wie André Gide, Roger Nimier oder Philippe Sollers haben es zu ihrer Zeit verstanden, wichtige Plätze in der Gesellschaft zu besetzen. Im Grunde sind wir Punks geblieben und werden auch deren Schicksal teilen.

Sie selbst sind ja nicht gerade mit gutem Beispiel vorangegangen ...

Das stimmt. Es war falsch von mir. Machtpositionen bleiben nie lange frei. Und wir haben dadurch die Gelegenheit verpasst, unseren literarischen Geschmack durchzusetzen.

Aber es bleibt doch immer noch Zeit, diese Machtpositionen zu besetzen.

Nein, es ist zu spät. 1998 z. B. hatten wir alle Karten in der Hand. Der Zug ist abgefahren, jetzt sind andere, Jüngere, am Zug. Wir sind von denen besiegt worden, die Pascal die »Halbgewandten« nannte: Lehrer, Bibliothekare ...

Diese Bewegung hat also nur zehn Jahre angehalten. Das ist wenig.

Der Pop hat letztlich auch nicht länger als zehn Jahre angehalten, die Glanzzeit der Romantik oder des Surrealismus ebenso wenig. Wobei ich uns nicht mit denen vergleichen will, unser Niveau lag schon eine Stufe unter ihrem.

Sehen Sie noch einen Platz für sich in einer Literatur, die zurückkehrt zu Gefühlskitsch und Rührseligkeit?

Ich weiß, was man tun muss, um als nett zu gelten, ich bin nicht blöd. Aber ich habe keine Lust darauf. Ich habe viel zur heutigen Gesellschaft gesagt, und im Grunde habe ich die Nase voll von ihr. Deshalb denke ich, dass ich zu meiner Jugendliebe, der Science-Fiction, zurückkehren werde. Schon *Die Möglichkeit einer Insel* war ein Schritt hin zu dieser Verwandlung. Die Science-Fiction ermöglicht es mir, auf eine Literatur umzusatteln, die poetischer und empfänglicher für das Träumen ist. In ihr ist es möglich, dass die Handlungsmotive der Romanfiguren weniger von einer allen bekannten, von der Balzacschen Dichotomie (Genuss und Geld) bereits gut zusammengefassten Realität diktiert werden.

Warum gibt es nur recht wenig gute Science-Fiction-Literatur?

Es ist eine zu intelligente Literatur, die Emotion, die sich aus der persönlichen Identifizierung herleitet, kommt nicht in Gang. Es gibt nur wenig wirkliche Science-Fiction-Romane mit bewegenden und unvergesslichen Helden. Das reizt mich. Das ist ein interessantes Ziel.

Sie sind viel angegriffen worden. Leidet man unter solchen Attacken?

Ich glaube, Guillaume Dustan war zerbrechlicher als der Durchschnitt. Ich bin da ein bisschen widerstandsfähiger. Von einem Idioten beschimpft zu werden bleibt eine kleine Freude. Und wahrscheinlich ist es angenehmer, beschimpft zu werden, als ignoriert. Bei der *Möglichkeit einer Insel* allerdings ging das zu weit.

Sind das Buch oder sein Autor schlecht aufgenommen worden?

Man verfolgte mich mit einer Art Gehässigkeit, als ob mein Erfolg oder meine Berühmtheit zu groß geworden seien und ich dafür bezahlen solle. Ich hatte gespürt, dass ich zu weit gegangen war, dass man mir nicht vergeben würde. Als ich das Manuskript abgab, sagte ich mir, jetzt gehen die Probleme los. Und als ich im Juni der Zeitschrift *Les Inrockuptibles* ein Interview gab, wusste ich, dass ich meine letzten ruhigen Momente erlebte. Dieses Land hat eine erschreckend rachsüchtige Seite. Trösten kann ich mich mit Lesereisen nach Argentinien und Kroatien.

Aber Frankreich widmet seinen Schriftstellern doch einen regelrechten Kult?

Das stimmt, dieses Land misst seiner Literatur eine große Bedeutung bei, im Unterschied zu anderen Nationen, für die es kein Problem darstellt, wenn sich im Handel nur noch amerikanische Bücher finden. Es ist das Land auf der Welt, in dem es für einen Schriftsteller am einfachsten ist, einen Fernsehauftritt zu bekommen. Doch wenn man zu viel Erfolg hat, gilt das als unanständig. Es gibt ein egalitaristisches Fieber, das den Erfolg nur schwer verkraftet.

Sind die französischen Verlage gut?

Sie sind ein bisschen konventionell: Sie mögen keine Kurzgeschichten, keine Poesie ... Einmal wollte ich ein Buch veröffentlichen lassen, das man mir zugeschickt hatte. Das ist mir nicht gelungen. Es waren Kurzgeschichten einer jungen Frau, ich fand sie gut und hatte sie einem Verleger gegeben, es hat nicht geklappt. Das hat mich aufgebracht. Vor allem wenn man bedenkt, dass die Lektüre unverlangt eingesandter Manuskripte x-beliebigen Personen anvertraut wird. Das wird in Verlagshäusern als minderwertige Arbeit angesehen, während sie der qualifiziertesten Person anvertraut werden sollte. Es ist gegenwärtig sehr gut möglich, dass große Texte ignoriert bleiben.

Was erwarten Sie von einem Verleger?

Dass mein Text nicht verändert wird. Das hört sich harmlos an, aber da ich fast jedes Mal verklagt werde, bedeutet es schon viel, das zugestanden zu bekommen. Abgesehen davon interessiert mich das Buch als Gegenstand. Ich finde die französischen Bücher hässlich. Ich erwarte von einem Buch, dass es schön und praktisch ist und angenehm in der Hand liegt. Dagegen habe ich die Verkaufsstrategien meiner Verleger nie in Frage gestellt – das ist ihr Job.

Welche Ihrer Verleger – von Maurice Nadeau, dem ersten, bis zu Claude Durand, dem letzten – waren die besten?

Der begabteste, den ich kennengelernt habe, war Joachim Vital, der Chef des Verlagshauses La Différence. Er hatte in allen Bereichen Flair und war erstaunlich offen. Aber er war völlig unseriös, er bezahlte seine Autoren nicht und seine Angestellten nur unter großen Schwierigkeiten. Im Grunde war er nicht in der Lage, ein Unternehmen zu leiten. Man kann nicht sagen, dass die französischen Verlage nichts taugen. *P.O.L.* oder Le Dilettante[5] haben wirklich eine Rolle gespielt. Strenger als mit den Verlegern wäre ich mit den Buchhändlern.

Warum?

Mir gehen ihre Empfehlungen auf die Nerven. Der Ausdruck »coup de cœur«[6] regt mich auf. Alles in allem sind sie schwer konformistisch. Konformistischer als die Verleger.

Und was halten Sie von der Literaturkritik?

Rein theoretisch könnte man die Vorliebe dieses Landes für Kontroversen als eine seiner Qualitäten ansehen, doch hat man in den letzten Jahren übertrieben, sich viel zu oft an die Gerichte gewandt. Nicolas Jones-Gorlin, Eric Bénier-Bürckel[7], Renaud Camus[8] – viele Autoren waren Gegenstand eines Skandals oder eines Prozesses, und keiner von ihnen wird das überwinden, sie sind für immer und ewig gebrandmarkt. Auch ich hatte Probleme, aber ich befand mich in einer stärkeren Ausgangsposition … Obendrein warf man den Autoren jedes Mal vor, sie würden »provozieren«, damit sich ihre Bücher verkaufen. Dabei hassen Verleger Kontroversen, sie lieben nichts mehr als den friedlichen Verkauf eines normierten Produkts, das spontan eine Empfehlung der Buchhändler auslösen wird …

Aber die Scherereien haben Sie sich doch selbst eingehandelt, als Sie nach dem Erscheinen von Plattform *die muslimische Religion als die dümmste der Welt bezeichneten.*

Das stimmt. Es war dumm von mir, denn ich wurde zum Helden einer Debatte, die mich gar nicht interessiert. Ich glaube, dass der Glaube an Gott, wenn nichts dazwischenkommt, weiter abnehmen wird, auch wenn die Ereignisse das Gegenteil zu beweisen scheinen. Mein Eindruck ist, dass man sich Religionen gegenüber heute so verhält wie gegenüber bretonischen Volkstänzen: Solange es ein wenig traditionell, ein wenig altmodisch zugeht, wird das Ganze respektabel und fast sympathisch.

Jonathan Littells Buch Die Wohlgesinnten *hat fast überhaupt keine Polemik verursacht. Beneiden Sie ihn?*

Ja, denn angefeindet zu werden ist auf die Dauer ermüdend. Als *Die Möglichkeit einer Insel* erschien, neigte ich zu einem Syndrom, das ich Jean-Jacques-Goldman-Syndrom nennen würde. Der Sänger hatte sich eine Werbeseite gekauft, um auf ihr alle Verrisse eines seiner Alben abzudrucken. Er wandte sich auf pathetische Weise an seine Zuhörer, an sein Publikum. So war es auch mir ergangen. Ich war zu Tränen gerührt, wenn mir jemand auf der Straße sagte, mein Buch habe ihm gefallen. Im Grunde stimmt es sicher, dass nur das Publikum zählt, doch schreibt man der Kritik maßgebende Urteile zu. Wenn es so weit kommt, dass man sich seiner Verrisse rühmt, ist das nicht ganz normal.

Man hat den Eindruck, in Ihnen ist etwas zerbrochen.

Das stimmt. Ich habe das Gefühl, ein paar innovative und glanzvolle Jahre mitbestimmt zu haben. Ravalec, Dantec und ich haben der Welt ins Gesicht geschaut. Das fehlte der Literaturlandschaft. Ich habe schöne Erinnerungen an diese Zeit. Doch es sind nur Erinnerungen. Es war meine Jugend, und sie liegt hinter mir. Als Guillaume starb, habe ich begriffen, dass es mit meiner Jugend vorbei war. Wir hatten viel Spaß, aber das Feiern ist vorbei. Die Literatur dagegen geht weiter. Sie durchquert ein Tief, danach geht's wieder bergauf.

ICH HABE MEIN LEBEN LANG GELESEN

Michel Houellebecq verfasste diesen Aufsatz anlässlich des fünfzigjährigen Bestehens des Taschenbuchverlags J'ai lu.

An die erste Erfahrung habe ich kaum eine Erinnerung, es will mir nicht recht gelingen, sie in Worte zu fassen. Da war eine schattige Veranda in der Nähe eines sonnigen Hofs (in meinen Kindheitserinnerungen scheint stets die Sonne); ein Sessel in der Mitte der Veranda und das Gefühl eines sich unendlich oft wiederholenden, köstlichen Tauchgangs. Auch das Gefühl von etwas, das mich mein ganzes Leben lang begleiten würde. Ein Eindruck von Wohlbefinden, weil »das ganze Leben lang« (vielleicht werde ich später darüber lächeln können, doch sage ich es heute mit einer gewissen Bitterkeit) mir damals sehr lang erschien.

Ich dachte, ich würde ein glückliches Leben haben. Das Unglück konnte ich mir nicht genau ausmalen, für mich war das Leben eine Wonne und ein Geschenk, und eine der Freuden dieses unendlich köstlichen Lebens war das Lesen.

Ich war ein Kind. Ich war glücklich, und Glück hinterlässt nur wenig Spuren.

Allmählich lernte ich, woraus das Leben der Menschen in Wirklichkeit bestand. Ich habe es auch aus ihren Büchern gelernt. Meine Großeltern haben wahrscheinlich nie darauf geachtet, dass sich die Bücher der *Rosa Bibliothek* und die der

Grünen Bibliothek[1] an unterschiedliche Altersgruppen rich-
ten. Wie sonst lässt sich erklären, dass ich im Alter von zehn
Jahren *Graziella*[2] lesen durfte?

Man findet dort die gesamte Romantik, in ihrer Jugend-
lichkeit, in ihrer ursprünglichen Kraft. Das Gedicht »Das erste Bedauern«, das den Band abschließt, ist von unglaublicher
Unschuld. Weder vor noch nach Lamartine (selbst bei Raci-
ne, selbst bei Victor Hugo nicht) sind Alexandriner mit dieser
Natürlichkeit, mit dieser Spontaneität, mit diesem Gefühls-
überschwang geschrieben worden.

Wie konnte Lamartine, der mit achtzehn Jahren eine Graziella kennengelernt hatte, die sechzehn Jahre alt war, das
vergessen? Wie konnte er danach weiterleben? Und wie kann
der Leser von Lamartine sein Leben etwas anderem widmen
als der Suche nach einer sechzehnjährigen Graziella? Was
die Literatur doch für eine faszinierende Krankheit ist ... so
heimtückisch, so mächtig. Unglaublich viel mächtiger als das
Kino und heimtückischer gar als die Musik.

Aber es gab auch andere Lektüren. Den ekelerregenden
Jack London, den Lenin hoch verehrte. (Und mit Sicherheit
war es die Bewunderung, die Lenin für Jack London an den
Tag legte, für dessen zynische Inkaufnahme des *Überlebens-*
kampfs, das ganze Gegenteil zur vermeintlichen Großzügigkeit, das sich mit dem Wort »Kommunismus« verbindet, die
mir die Augen öffnete und mich früh und für immer daran
gehindert hat, mit dem Marxismus zu liebäugeln.) Den wunderbaren Charles Dickens. (Nie wieder werde ich so lauthals,
so unverhohlen lachen, nie wieder werde ich aus Leibeskräf-
ten lachen, bis mir die Tränen kommen, wie ich es im Alter
von neun Jahren tat, als ich *Die Abenteuer des Mister Pickwick*

entdeckte.) Es gab Jules Verne, es gab die Märchen von Hans Christian Andersen: *Das kleine Mädchen mit den Schwefelhölzern* hat mein Herz zerbrochen und bricht es bei jeder neuen Lektüre mit unerbittlicher Regelmäßigkeit wieder entzwei.

Ich erinnere mich ebenfalls an die Reihe *Rouge et Or* und ihre naiven Abbildungen (sie war wohl ein wenig teurer und wurde zu Geburtstagen oder Weihnachten verschenkt). Wirklich, ich habe nur gute Erinnerungen an diese Zeit. Trotzdem hätte man mir *Graziella* nicht im Alter von zehn Jahren zu lesen geben dürfen. Ich war damals bei den Mädchen gefragt, und einige von ihnen, das wird mir heute klar, hatten schon damals Hintergedanken. Aber alles in allem hatte es sich gut angelassen. Doch dann kam kurz danach die Pubertät, die mit der Mode der Miniröcke zusammenfiel. Ich hatte Mühe, das mit der Lektüre von Graziella in Einklang zu bringen. Ich begann, die Arme, die sich mir entgegenstreckten, von mir zu weisen – und das, obwohl ich unheimliche Lust auf sie hatte –, um im Leben nach Dingen zu suchen, die dort nicht zu finden waren. Kurz, die Dinge fingen an, für mich überhaupt nicht mehr zu stimmen, und ich denke bis heute, dass Lamartine bis zu einem gewissen Grad schuld daran ist. Ungefähr zur gleichen Zeit ersetzte ich auch die Kinderbuchreihen durch Taschenbuchreihen.

Für mich taugten zwei Reihen etwas: *Le livre de poche* und *J'ai lu*. *Folio* und *Présence du Futur* dagegen hasste ich: Sie waren zu teuer, sie hatten abstoßende Umschläge – in der Regel eine unaufdringliche Zeichnung auf weißem Untergrund. Vor allem aber war die Qualität ihrer Herstellung miserabel; es reichte aus, diese Bücher ein Dutzend Mal zu öffnen, und schon lösten sich die schlecht geklebten Seiten, das Buch fiel auseinander – während Bücher von *Livre de poche* und vor allem von *J'ai lu* unverwüstlich waren. Das mussten sie auch sein, denn diese Bücher schlug ich mehr als zehn Mal auf. Ich nahm sie überall mit hin, ins Café, in die Kantine des Gymnasiums, in den Zug – und bald nahm ich andere als Vorstadtzüge, ich nahm Züge, die Europa durchquerten. Es war die Epoche des Interrail-Tickets, ich schlief in verstaubten Zelten, in feuchten Kellern von Wohnblöcken. Doch meine *J'ai lu*-Bände gibt es immer noch, sie stehen im Moment, in dem ich diese Zeilen schreibe, neben mir. Ich bin jetzt reich, ich reise jetzt in der Business-Class, somit haben sie nichts mehr zu befürchten, das ist gut.

Später, nach dem Scheitern meiner Ehe und meiner beruflichen Karriere, habe ich angefangen zu schreiben. Genauer gesagt habe ich damit angefangen, Romane zu schreiben, die veröffentlicht wurden und mir relativ viel Ruhm und Reichtum eingebracht haben. Das hatte zur Folge, dass ich damit anfing, meine Zeitgenossen zu lesen, ich entdeckte *Originalausgaben*. Ich habe jedoch nie damit aufgehört, Bücher in Taschenbuchausgaben zu lesen oder noch einmal zu lesen, und es hat mir große Freude bereitet, bei *J'ai lu* veröffentlicht zu werden – natürlich hätte ich *Folio* oder *Presses-Pocket* nicht abgelehnt, wenn mein Verleger das gewollt hätte, aber dennoch: Der Augenblick, in dem ich mich zum ersten Mal auf einem *J'ai lu*-Umschlag gesehen habe, bleibt einer der schönsten Momente meines Lebens.

Heute lese ich weniger meine Zeitgenossen, dafür wieder mehr Klassiker. Das ist normal, ich werde älter. Ich weiß jetzt, dass ich bis an das Ende meines Lebens lesen werde –

vielleicht werde ich aufhören zu rauchen, selbstverständlich werde ich aufhören, Sex zu haben, und das Gespräch mit anderen Menschen wird mehr und mehr an Interesse für mich verlieren. Dagegen gelingt es mir nicht, mich mir ohne ein Buch vorzustellen.

Ich habe den Originalausgaben, dem Buch als Gegenstand, nie einen besonderen Kult gewidmet, ich interessiere mich vor allem für den Inhalt. Und ich ersetze die Original- oder Taschenbuchausgaben meiner Bücher allmählich durch jene wunderbaren, auf Reisen so praktischen Bände der Reihen *Pléiade*, *Bouquins* oder *Omnibus*. Es gibt dennoch ein paar – sentimentale – Ausnahmen, und selbst für den Fall, dass die Dinge erneut schieflaufen sollten, selbst für den Fall, dass ich mich in einem möblierten Zimmer mit ein oder zwei Kantinenmahlzeiten wiederfinden sollte, was schließlich immer möglich ist, halte ich es für wenig wahrscheinlich, dass ich mich von bestimmten Büchern trenne, insbesondere von bestimmten *J'ai lu*.

BODENPROFILE

Dieser Text erschien erstmals im September 2008 in Artfo-
rum.

Trotz der Tatsache, dass mich Alain Robbe-Grillets Werke
von Anfang an zutiefst und radikal gelangweilt haben, habe
ich mich stunden-, vielleicht sogar tagelang damit abgemüht,
sie zu lesen. Ich verfuhr so, wie man es gewöhnlich in solchen Fällen tut: Ich übersprang fünfzig Seiten, um zu sehen,
ob es danach besser würde, ich nahm ein anderes Buch zur
Hand, ich sagte mir, dass ich es später am Tag, unter günstigeren Voraussetzungen, noch einmal versuchen würde. Nichts
konnte jedoch meine Langeweile mindern, nichts meine
Überzeugung, dass das alles uninteressant und sinnlos war.
Ich kann mich nicht daran erinnern, dass ich mir mit einem
anderen Autor eine solche Selbstgefälligkeit erlaubt hätte.

Das lässt sich, glaube ich, am besten durch etwas Außerlite-
rarisches erklären: nämlich durch unser gemeinsames Studium. Wir beide haben – mit einem Abstand von dreißig Jahren – an derselben Hochschule für Landwirtschaft studiert.
Ehemaliger Student einer *Grande Ecole* zu sein, führt im
französischen Bildungssystem zu uneingestandenen Kom-
plizenschaften. Und auf die Agrarhochschule mit ihrer so eigenen, von den anderen wissenschaftlichen Studiengängen
abgetrennten Ausbildung – und das von den Vorbereitungs-

klassen an – trifft das ganz besonders zu. Wären wir uns danach je begegnet – wozu es Gott sei Dank nie kam –, hätten wir dem anderen wie einem »lieben Kameraden« auf die Schulter klopfen müssen; und ich glaube, wir hätten es getan (wir hätten dabei natürlich die ganze Palette des ironischen Lächelns zur Anwendung gebracht, aber wir hätten es getan). Während Robbe-Grillet Institutionen gegenüber sein ganzes Leben lang eine große Respektlosigkeit an den Tag gelegt hat (im Falle der Académie française ging das eindeutig bis zur Beleidigung), ließ er der ersten Institution seines Lebens, dem Institut National Agronomique in Paris-Grignon, bis ans Ende eine lückenlose Unterwerfung und Dankbarkeit zuteilwerden. Ich befinde mich in genau derselben Situation: Weder er noch ich haben je die *Agrarhochschule geleugnet.*

Ich glaube, er war böse auf mich, denn bevor ich in Erscheinung trat, war er stolz darauf gewesen, der Agraringenieur der französischen Literatur zu sein. Diesen Titel musste er nun mit mir teilen, und das machte ihn wütend. Es ist wahr, dass er noch andere Gründe hatte, wütend auf mich zu sein, und bestimmte Artikel, vor allem im Ausland, haben zu seiner Wut noch beigetragen. Sie verkündeten, ich sei die »einzige Sache, die seit dem Nouveau Roman in Frankreich in Erscheinung getreten« sei. Er wollte überhaupt nicht, dass nach dem Nouveau Roman in Frankreich noch etwas in Erscheinung tritt.

So lieferten wir uns ein paar Jahre lang einen dumpfen und kodifizierten Kampf. Behauptete er wiederholt und allen Tatsachen zum Trotz, dass Balzac einer unfruchtbaren Periode, einer Eiszeit in der französischen Literatur entsprach, hob ich Balzac sofort in den Himmel. Ich behauptete, dass Balzac der geistige Vater eines jeden Schriftstellers sei und dass diejenigen, die sich Balzac nicht verpflichtet fühlten, von der Kunst des Romans auch nicht das Geringste verstanden hätten. Behauptete ich in meinen eigenen Werken, dass die Soziologie vor der Psychologie den Vorrang habe? Dann jammerte er augenblicklich darüber, dass die zeitgenössische Literatur die formalen Ambitionen einer reinen Literatur aufgegeben und sich auf die Dimension einer soziologischen Studie reduziert habe. Das alles war bis zum Ende implizit, denn wir haben es immer unterlassen, in der Öffentlichkeit aufeinander anzuspielen.

Ich glaube, wir waren völlig aufrichtig: er in seiner Abneigung gegen Balzac, ich in meiner Liebe für ihn. Er in seiner Verachtung für meine Literatur, ich in meiner für seine.

Jetzt, wo mir Alain Robbe-Grillet gewissermaßen mechanisch ins Grab vorausgegangen ist, kann ich etwas freier von meinem *lieben Kameraden* sprechen, ohne ihn zu verletzen. Denn mir ist am Ende klar geworden, dass sich hinter der Hartnäckigkeit, mit der ich versucht habe, in seine schwerverdauliche Literatur hineinzukommen, mehr verbarg als simple Kameradschaft zwischen ehemaligen Kommilitonen. Alain Robbe-Grillet erinnerte mich nicht nur an die Agrarhochschule, er erinnerte mich an etwas Präziseres, etwas, was nur ehemalige Studenten der Agrarhochschule kennen: Alain Robbe-Grillet erinnerte mich an *Bodenprofile*.

Natürlich ist Bodenkunde für den Landwirt eine wichtige Disziplin, aber sie wäre noch wichtiger, wenn sie sich Ergebnisse auf ihre Fahnen schreiben könnte, die sich reproduzieren lassen, die zu sicheren Voraussagen führen und die dem Praktiker, welcher der Landwirt nun einmal ist, zu vernünftigen Diagnosen verhelfen würden. Das ist aber leider überhaupt nicht der Fall. In meiner Studienzeit (ganz zu schweigen von der Alain Robbe-Grillets) steckte die Bodenkunde noch in den Kinderschuhen. Allein sie als »Wissenschaft« zu bezeichnen hätte bedeutet, ihr zu viel Ehre zu erweisen. Sie war im besten Fall eine »Disziplin der Beobachtung«.

Seit der Entstehung der Bodenkunde ist die Untersuchung der Bodenprofile die in ihr vorherrschende Methode. Sie besteht darin, einen Graben mit senkrechten Innenwänden auszuheben. Je nach Bodenbeschaffenheit fällt seine Höhe unterschiedlich aus (im Allgemeinen gräbt man bis zur ersten Felsschicht). Und was tut man nun, wenn der Graben fertig ausgehoben ist? Man *beobachtet*. Das heißt, man zeichnet so genau wie möglich all das, was man sieht (die Ausbreitung der Wurzeln, das Vorhandensein von Steinen, Luftlöchern, Tieren etc.). In dem Maße, in dem man sich von der Oberfläche entfernt, verändert sich der Boden in der Regel schnell. Man kann seine Zeichnung unter Umständen mit Anmerkungen versehen. Für gewöhnlich – und das ist interessant – werden nur wenige Fotos gemacht (sie dienen später gerade mal als Vorlage für Zeichnungen, die unter einfacheren Voraussetzungen wenn möglich recht schnell angefertigt werden; der kluge Blick eines Beobachters vor Ort hat einen höheren Stellenwert als das fotografische Abbild). Die Untersuchung chemischer Reaktionen in situ bleibt bruchstückhaft (zu meiner Zeit beschränkten sie sich auf die Messung des pH-Werts in unterschiedlichen Tiefen). Natürlich ist es möglich, Bodenproben zu entnehmen, damit sie später untersucht werden. Doch damit begeben wir uns in den Bereich der *Bodenanalyse*, womit wir ein anderes Kapitel aufschlagen.

Selbst wenn der angehende Landwirt von der Hoffnung angetrieben wird, am Ende seiner Untersuchung einen ihm bekannten Bodentyp vorzufinden (und in der Tat ist der untersuchte Boden in Anbetracht des geologischen Untergrunds und des Klimas meist der, den man erwartet hat), darf er ihr während seiner Untersuchung unter keinen Umständen Rechnung tragen. Das ist eine strenge Empfehlung seiner Lehrer. Natürlich ist es menschlich, dass er in Sibirien Podsol erwartet und in Madagaskar Laterit. In keinem Fall darf das aber zulasten der Sachlichkeit, der Objektivität seiner Skizzen und seiner Kommentare gehen.

Die Bodenkunde hilft dem Studenten der Agrarwissenschaften, sich jene strenge Disziplin anzueignen, die darin besteht, die Welt mit einem neutralen, rein objektiven Blick zu betrachten: Ist das nicht genau das, was Alain Robbe-Grillet später in der Literatur versucht hat?

Eine theorielose Neutralität, wie sie im Bereich der Bodenkunde uneingeschränkt vorherrscht, ist in der Wissenschaftsphilosophie alles andere als unumstritten. »Es ist die Theorie und nur die Theorie, die bestimmt, was beobachtet werden soll«, notiert Einstein harsch. Auguste Comte, der etwas mehr argumentiert, kommt zu der Schlussfolgerung, dass die Beobachtung, der keine Theorie – und sei sie noch so vage – zugrunde liegt, zu einem planlosen Empirismus verdammt ist und sich auf eine langatmige und sinnlose Aneinanderreihung experimenteller Daten reduziert.

»Eine langatmige und sinnlose Aneinanderreihung experimenteller Daten«: Trifft diese Beschreibung nicht ganz genau auf Alain Robbe-Grillets Literatur zu?

Nachdem ich Robbe-Grillets Grenzen genau umrissen habe, möchte ich erwähnen, was seine Stärke ausmacht – auch wenn diese Stärke gänzlich negativ ist: Indem Robbe-Grillet das Prinzip einer Beobachtung ablehnt, der eine Theorie zugrunde liegt, bewahrt er sich zugleich vor jeglichem *Klischee* (denn jedes Klischee enthält eine Theorie in Kurzform und geht als solches nur durch, wenn die Theorie selbst als veraltet und überholt gilt). Indem ich mich in meiner Literatur theoretischen Konzepten öffne, die man zur Welt entwickeln kann, und ich mich damit ständig der Gefahr des Klischees aussetze – in Wahrheit verurteile ich mich zu ihr –, besteht (um mit Baudelaire zu sprechen) meine einzige Chance, originell zu sein, in der Erfindung *neuer Klischees*.

ANMERKUNGEN

Gespräch mit Christian Authier

1 Französischer Schriftsteller und Journalist. Zum Zeitpunkt des Erscheinens der Originalausgabe von *Plattform* war er Chefredakteur der Monatszeitschrift Lire. Aufgrund eines dort veröffentlichten, gekürzten Interviews wurde Michel Houellebecq von verschiedenen muslimischen Vereinen wegen »Anstiftung zum Rassenhass« verklagt.

2 Dieses Kulturmagazin, das ein anderes, *Bouillon de culture* mit Bernard Pivot, ablöste, wurde mit Michel Houellebecq als »Stargast« im September 2001 zum ersten Mal ausgestrahlt. Zu diesem Zeitpunkt war die Polemik um *Plattform* schon ausgebrochen.

3 Die französische Originalausgabe von *Plattform* erschien wenige Tage vor den Anschlägen des 11. September 2001.

4 Französischer Politiker, Mitglied der Sozialistischen Partei. Von 1997 bis 2002 Premierminister.

5 Politischer Sachverständiger. Er war mehrere Jahre stellvertretender Leiter des wichtigsten französischen Umfrageinstituts Sofres.

6 Französischer Radio- und Fernsehmoderator.

Philippe Muray im Jahre 2002

1 Philippe Muray, 1945–2006, französischer Schriftsteller, Publizist und Essayist. In Frankreich bekannt geworden durch seine scharfsinnige Kritik an den Hervorbringungen der zeitgenössischen Gesellschaft.

2 Gemeint ist der Roman *Rose Bonbon* von Nicolas Jones-Gorlin. Es handelt sich um den imaginären Monolog eines Pädophilen.

3 *Le Rappel à l'ordre. Les Nouveaux réactionnaires*: Pamphlet des Historikers Daniel Lindenberg, der darin namhaften, in den französischen Medien stark präsenten französischen Schriftstellern, Intellektuellen und Historikern vorwarf, konservativ, reaktionär, rassistisch und sexistisch zu sein.

4 Französischer Journalist, von 1996 bis 2004 Chefredakteur der Tageszeitung *Le Monde*.

5 Französischer Politiker, Mitbegründer der Sozialistischen Partei Frankreichs, in den achtziger und neunziger Jahren mehrmals Minister. 2002 Kandidat bei den Präsidentschaftswahlen für die von ihm gegründete *Mouvement républicain et citoyen*.

6 Pierre Rosanvallon, französischer Historiker und Intellektueller. Herausgeber der Reihe »La République des Idées«, in der Lindenbergs Pamphlet erschien.

7 Von Pierre Rosanvallon und dem französischen Historiker François Furet 1982 gegründete und 1999 aufgelöste Stiftung, die sich gegen alle Formen totalitaristischen Denkens wandte und sich für Demokratie und freie Marktwirtschaft einsetzte.

Auf dem Weg zur Teilrehabilitierung des Banausen

1 Französischer Humorist und Satiriker

2 Französischer Cartoonist und Karikaturist

3 Französischer Comiczeichner und Karikaturist

4 *»Beauf«*, französischer Argot, ursprünglich »Schwager«, bezeichnet heute abfällig eine vulgäre, ungebildete und bornierte Person.

Gespräch mit Gilles Martin-Chauffier und Jérôme Béglé

1 Eine vom traditionsreichen Verlagshaus Gallimard 1945 ins Leben gerufene Krimireihe, die ihren Namen Jacques Prévert verdankt. Die schwarzen Umschläge trugen entscheidend zu ihrem Renommee bei.

2 Französischer, in Kanada lebender Autor von Krimis, von denen ei-

nige von der Science-Fiction beeinflusst sind. Er geriet für seine als »reaktionär« eingestufte Haltung mehrmals in die Schlagzeilen.

3 1965–2005. Französischer Richter, Schriftsteller, Journalist und Lektor. Beschreibt in seinen Romanen offen die Schwulenszene. Geriet in die Schlagzeilen, als er sich öffentlich für ungeschützten Geschlechtsverkehr aussprach.

4 Ein in der Pariser Literaturszene jahrzehntelang einflussreicher Lektor. Lange Zeit auch Lektor von Michel Houellebecq.

5 Zu den von P.O.L. veröffentlichten Autoren gehören u. a. Marie Darrieusecq, Emmanuel Carrère, Robert Bober und der oben erwähnte Guillaume Dustan. Zu den Autoren von Le Dilettante zählen Vincent Ravalec und Anna Gavalda.

6 Tipp, Empfehlung. Von *avoir un coup de cœur pour qn./qc.*: sein Herz an jemanden/etwas verlieren.

7 1971 geborener französischer Schriftsteller. Autor des Romans *Pogrom* (2005), für den er u. a. wegen angeblicher Anstiftung zum Rassenhass (in diesem Fall zum Antisemitismus) angezeigt wurde. Das Gericht sprach ihn von allen Anklagen frei.

8 1946 geborener französischer Schriftsteller, Intellektueller und Ausstellungskurator. Sein umfangreiches Werk umfasst Romane, Reisereportagen, Artikel zur zeitgenössischen Kunst. Camus führt seit Jahren ein Tagebuch, aus dem er regelmäßig Auszüge veröffentlicht. Einer dieser Bände, *Campagne de France*, erschienen 2000, führte zu Anklagen des Antisemitismus.

Ich habe mein Leben lang gelesen

1 Die *Rosa Bibliothek*, eine seit Mitte des 19. Jahrhunderts bestehende Kinderbuchreihe. Ihr folgte 1924 die *Grüne Bibliothek*, die sich nach dem Zweiten Weltkrieg zu einer Jugendbuchreihe entwickelte.

2 Roman des französischen Romantikers Alphonse de Lamartine (1852).